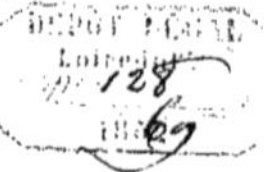

CHAMBRE DE COMMERCE DE NANTES.

TRANSFORMATION

DE

LA BASSE-LOIRE

AVANT-PROJET

RAPPORT DE M. LECHALAS

INGÉNIEUR EN CHEF DES PONTS ET CHAUSSÉES

TABLE DES MATIÈRES

CHAMBRE DE COMMERCE DE NANTES.

TRANSFORMATION

DE

LA BASSE-LOIRE

AVANT-PROJET

RAPPORT DE M. LECHALAS

INGÉNIEUR EN CHEF DES PONTS ET CHAUSSÉES

TABLE DES MATIÈRES

INTRODUCTION.

L'amélioration des embouchures de fleuves est un sujet qui présente le plus vif intérêt, au point de vue de ce grand art de l'Ingénieur dont les progrès se traduisent, presque toujours, par l'amélioration du sort des populations, intimement lié à l'économie dans la distribution des richesses. — Il s'agit ici de supprimer un intermédiaire onéreux, chaland ou chemin de fer, entre la navigation intérieure et la navigation maritime (¹). Le progrès à réaliser est comparable à la simplification d'une machine, où tel rouage ne paraît indispensable que faute de l'idée simple qui permettra de s'en passer, en faisant disparaître avec lui les frottements qui diminuaient le rendement de la force dépensée.

Le transport entre la côte et les ports maritimes de l'intérieur est pour ainsi dire gratuit, lorsqu'il s'effectue sur le navire arrivant du large. On conçoit que le port le plus recherché soit le port d'amont, puisque là seulement se trouvent les rapports faciles, dans toutes les directions, avec le pays. Il existe cependant quelques grands ports d'embouchures, qui se sont développés par suite des intolérables difficultés de la navigation des fleuves ; mais on comprendrait difficilement aujourd'hui qu'un grand port commercial, un grand marché, de grandes industries pussent se créer entre l'Océan et Nantes. L'une des premières conditions n'est-elle pas une communication directe par terre, avec les deux rives du fleuve, et les probabilités d'un dédoublement ne sont-elles pas diminuées par la facilité des communications ordinaires entre le marché actuel et le mar-

---

(¹) Un grand effort dans la Basse-Loire sera doublement justifié, le jour où l'on se décidera à s'occuper sérieusement de la Loire fluviale. On verra ci-après qu'on ne l'a pas fait jusqu'à ce jour. Telle qu'elle est, la navigation de la Loire fonctionne cependant d'une manière sérieuse entre Angers et Nantes ; le tonnage annuel augmente dans cette section, tandis qu'il diminue dans les autres.

ché supposé ? Il est donc à craindre qu'on arrive à faire végéter deux ports, si l'on ne prend pas les mesures nécessaires pour développer largement celui qui possède les capitaux, les ateliers et la population.

Je ne nie pas qu'on puisse améliorer le matériel fluvial, de telle manière que le contact du bateau au navire devienne possible dans les bassins de Saint-Nazaire ; mais ce perfectionnement correspondrait à de sérieuses dépenses, d'autant plus que le matériel de tous les canaux affluerait vers la Basse-Loire si l'on rendait le fleuve navigable jusqu'à Briare. Tant que les arrivages d'amont n'auront qu'une importance médiocre, cette organisation semi-marine de la batellerie semblera facile à quelques personnes ; mais une telle hypothèse devient choquante lorsqu'on calcule sur la navigation régénérée par la transformation de la Loire fluviale, et par l'amélioration des canaux français et de leurs aboutissants d'Allemagne.

L'assurance de la marchandise est aujourd'hui de 0,50 pour cent francs, de Nantes à Saint-Nazaire, ***sur chalands spéciaux,*** tandis qu'elle ne monte qu'à 0,40 de Saumur à Nantes. Lorsque l'assurance ne se rapporte en réalité qu'à des risques de sauvetage et non à la valeur totale de la marchandise (machines, etc.), le tarif se réduit à 0,25, de Nantes à Saint-Nazaire. Le transport se fait dans ce cas, sans transborder à Nantes, dans des bateaux plus solides que les autres [1] ; on subit un retard et des dangers qu'il serait presque impossible d'éviter, car on ne peut songer à la mise en chaland, et il faut bien aller chercher à Saint-Nazaire le navire qui ne peut remonter à Nantes.

Le perfectionnement de nos voies navigables, et par suite la bonne organisation de la batellerie, constitue la véritable solution du grand problème des transports à bon marché. Le tableau ci-dessous ne montre qu'une partie des économies possibles, parce que les rivières et les canaux parcourus ne sont pas tous en bon état :

---

[1] On cite encore des bateaux chargés de chaux, qui descendent directement au port d'embouchure ; mais personne ne veut les assurer.

DÉSIGNATION DES MARCHANDISES.	De Paris à Lyon : Par eau........... 649 kilom. Par chemin de fer... 506 —				DÉSIGNATION DES MARCHANDISES.	De Lyon à Paris : Par eau........... 649 kilom. Par chemin de fer... 506 —				OBSERVATIONS.
	Prix de transport par voie d'eau.		Prix de transport par chemin de fer.			Prix de transport par voie d'eau.		Prix de transport par chemin de fer.		
	par tonne pour le parcours total.	par tonne et par kilomètre.	par tonne pour le parcours total.	par tonne et par kilomètre.		par tonne pour le parcours total.	par tonne et par kilomètre.	par tonne pour le parcours total.	par tonne et par kilomètre.	
	fr.	fr.	fr.	fr.		fr.	fr.	fr.	fr.	
Zinc laminé..............	20 »	0.03	40 »	0.079	Papiers..................	25 »	0.038	41 48	0.08	Le prix du transport d'une tonne à 1 kilomètre varie, sur les chemins de fer, de $0^{f},031$ à $0^{f},08$ (et même $0^{f},139$ dans un cas exceptionnel); sur les rivières et canaux, de $0^{f},021$ à $0^{f},04$.
Métaux non ouvrés........	20 »	0.03	40 »	0.079	Cartons..................	22 »	0.033	40 »	0.079	
Bois de teinture..........	19 »	0.029	21 24	0.04	Vins.....................	19 »	0.029	24 »	0.047	
Suif....	18 »	0.027	21 24	0.04	Soufres..................	20 »	0.03	40 »	0.079	
Produits tinctoriaux........	25 »	0.038	40 »	0.079	Sel de soude.............	17 50	0.026	21 24	0.04	
Produits chimiques........	20 »	0.03	21 24	0.04	Savons...................	16 50	0.025	20 50	0.04	
Céruses...................	20 »	0.03	40 »	0.079						
	De Lyon à Marseille : Par eau........... 372 kilom. Par chemin de fer... 356 —					De Marseille à Lyon : Par eau........... 372 kilom. Par chemin de fer... 356 —				
	fr.	fr.	fr.	fr.		fr.	fr.	fr.	fr.	
Céréales.............. ..	12 50	0.033	16 80	0.052	Vins.....................	15 »	0.04	18 80	0.052	
Métaux ouvrés......	15 »	0.04	23 50	0.066	Soufres..................	15 »	0.04	22 36	0.06	
Fils de fer...............	13 50	0.036	18 50	0.051	Savons...................	13 50	0.036	14 »	0.039	
Blanc de zinc.............	15 »	0.04	23 50	0.066	Bois de teinture....... ...	12 50	0.033	15 24	0.042	
Produits tinctoriaux........	15 »	0.04	23 50	0.066	Minerai..................	10 »	0.026	11 08	0.031	
Fers......................	13 50	0.036	18 50	0.051	Produits chimiques.........	12 50	0.033	15 24	0.042	
	De Paris au Havre : Par eau........... 365 kilom. Par chemin de fer... 226 —					Du Havre à Paris : Par eau........... 365 kilom. Par chemin de fer... 226 —				
	fr.	fr.	fr.	fr.		fr.	fr.	fr.	fr.	
Sucres raffinés............	12 »	0.032	15 »	0.066	Bois de teinture..........	8 50	0.023	9 50	0.042	
Ocres.....................	8 »	0.021	9 50	0.042	Bois d'ébénisterie..........	8 50	0.023	9 50	0.042	
Articles de Paris (exportation).	12 »	0.032	31 50	0.139	Bois à ouvrer	8 50	0.023	9 50	0.042	
					Produits tinctoriaux........	10 »	0.027	13 »	0.057	
					Suifs.....................	8 50	0.023	11 »	0.048	
					Fontes....................	8 »	0.021	9 44	0.042	
					Produits chimiques........	9 »	0.024	10 »	0.044	

La navigation, dégagée de ses péages, disposant de voies bien entretenues, peut transporter les matières encombrantes, les houilles par exemple, à **1** centime **1/2**, c'est-à-dire au tiers du tarif moyen des chemins de fer, à la moitié des tarifs exceptionnels. Mais quels services voulez-vous qu'elle rende au pays lorsqu'on la met dans le cas de faire entendre les doléances que voici : « Nous » avons sur l'eau 94 bateaux contenant 9,543 tonnes de charbon. Depuis plus » de trois mois, nous n'avons pas eu assez d'eau en Loire pour descendre à la » tenue du canal d'Orléans (1 mètre); aussi, pour ne pas laisser manquer notre » clientèle d'Orléans à Saumur, avons-nous expédié à demi-charge, toutes les » fois qu'un bateau vide a pu en alléger un chargé. *Pour notre clientèle de* » *Saumur à Nantes, nous avons eu recours aux charbons anglais.* Mais, » depuis le 16 mai, les eaux sont devenues si basses qu'il ne nous a plus été » possible de faire aucune livraison, et nous nous sommes vus forcés d'arrêter » les expéditions de la mine, pour ne pas nous encombrer aux embouchures des » canaux. Voilà la situation où se trouvent les houillières du centre de la France, » qui n'ont d'autres débouchés que les usines du littoral de la Loire ; obligées de » suspendre l'extraction faute de moyens de transport, forcées d'acheter des » produits étrangers pour remplir les engagements contractés en prévision des » crues de la Loire. Il ne faut donc pas s'étonner que ces mines ne se déve- » loppent pas, et que les charbons anglais s'emparent de la consommation de » Nantes à Tours. »

« La Loire, dit Michel Chevalier, est de tous nos fleuves celui dont le perfectionnement porterait les plus beaux fruits, car son bassin renferme le cinquième de la population de la France. Par dessus tout, la Loire réclame impérieusement l'attention du Gouvernement et les subsides du Trésor. Il n'y a qu'une voix à cet égard parmi ceux qui veulent que la France soit riche, et qui connaissent les ressorts de la prospérité publique. Dans les six grandes artères qui doivent sillonner le territoire d'un bout à l'autre, il faut placer en première ligne la voie navigable qui unirait Brest, Saint-Malo, Lorient, Bâle,

Strasbourg et Marseille, par Rennes, Nantes, Orléans, Nevers, Châlons, Besançon et Mulhouse. »

» Le bassin de la Loire, dit Stéphane Flachat, est le plus étendu de France. Dans son cours de 200 lieues, la Loire reçoit un grand nombre de rivières de premier ordre; mais si elle est le plus beau fleuve de France, c'est aussi celui dont la navigation est la plus irrégulière et la plus difficile. »

Entre Combleux (embouchure du canal d'Orléans) et Tours, la navigation trouve dans la Loire pendant deux mois par an . . . . . $1^m,00$, au moins;

Pendant trois mois . . . . $0^m,75$

Pendant trois mois . . . . $0^m,60$

Pendant deux mois . . . . $0^m,40$

Pendant deux mois . . . . plus de navigation.

De Tours à Angers:

Pendant deux mois . . . . $1^m,00$, au moins;

Pendant quatre mois . . . . $0^m,75$

Pendant trois mois . . . . $0^m,60$

Pendant trois mois (avec l'aide de chevalages). . $0^m,40$

D'Angers à Nantes:

Pendant trois mois . . . . $1^m,50$, au moins;

Pendant quatre mois . . . . $0^m,85$

Pendant trois mois (au moyen de chevalages). . $0^m,75$

Pendant deux mois (au moyen de chevalages) . . $0^m,65$

Dans la partie voisine de Nantes, à laquelle se rapporte le plan de la page 42, le tirant d'eau minimum est de 0,65 (0,50 sans chevalages); mais le tracé des ouvrages est défectueux, et cela ne donne aucune indication réelle sur ce que l'on peut obtenir de l'endiguement rationnel.

La centralisation administrative simplifie souvent, mais elle complique quelquefois. Glascow a pu faire des merveilles sans demander autre chose à l'Etat qu'une autorisation; que serait aujourd'hui cette ville, passée si rapidement de 100 mille à 550 mille âmes, si l'allocation de crédits par les pouvoirs publics avait été une condition de son développement ? Peut-être n'eût-elle pas été aussi heureuse que Dunkerque et Bordeaux, où l'on exécute actuellement de grands travaux (moins considérables, à la vérité, que ceux de la Clyde) sans autre charge pour les localités qu'une minime différence d'intérêt, couverte en totalité ou en partie par un droit de tonnage, perçu sur les navires entrant chargés dans ces ports (1).

Il appartient à la ville et au commerce de Nantes de prouver que l'intérêt qu'ils défendent n'est pas un intérêt local, ou (subsidiairement) que les travaux demandés n'ont pas plus ce caractère que ceux des villes de Dunkerque et de

---

(1) Loi du 20 mai 1868 :

Art. 1er. — Est acceptée l'offre faite par la ville de Dunkerque, ainsi qu'il résulte de la délibération du Conseil municipal en date du 25 octobre 1867, d'avancer à l'Etat la somme de 12,000,000 de fr., pour être affectée à l'exécution des travaux d'amélioration de ce port, autorisés par le décret du 14 juillet 1861.

Art. 2. — Les fonds successivement versés par la ville, jusqu'à concurrence de ladite somme de 12,000,000, porteront intérêt à 4 % à dater de leur versement.

L'amortissement, calculé au même taux de 4 %, s'effectuera en douze annuités, à partir de 1870.

Art. 3. — La ville de Dunkerque est autorisée à emprunter, à un taux d'intérêt qui n'excède pas 5 %, une somme de 12,000,000 de fr., remboursable en treize annuités, à partir de 1870, pour subvenir à la dépense des travaux mentionnés dans l'article 1er.

....La différence entre le taux d'intérêt payé par l'Etat à la ville, et celui qu'elle aura payé elle-même aux souscripteurs de l'emprunt, sera couverte au moyen de la perception d'un droit de tonnage de 12 c. par tonneau de jauge, établi suivant les formes déterminées par l'article 4 de la loi du 19 mai 1866, et portant sur les navires français et étrangers entrant chargés dans le port de Dunkerque, et venant

Bordeaux, et que leur influence sur la prospérité des populations s'étendra à quatre ou cinq fois autant d'intéressés.

Faisons connaître la situation des choses, en tâchant de rester dans notre rôle de rapporteur, sans glisser dans celui d'avocat passionné.

Les principaux intérêts de Nantes se rattachent tous à la navigation maritime : constructions de navires, armements au cabotage et au long-cours, importation et raffinage des sucres, exportation de céréales, introduction et mise en œuvre de riz et de graines oléagineuses, commerce de cafés et autres denrées exotiques, de bois du Nord, de charbons ; il n'est pas une de ces branches d'industrie ou

---

du long-cours ou des pays étrangers. Ce droit n'est pas applicable au matériel de l'Etat.

Cette perception cessera immédiatement après l'entier remboursement de la somme formant cette différence.

Une autre loi, également du 20 mai 1868, consacre une convention semblable, intervenue entre l'Etat et la Chambre de Commerce de Bordeaux, pour la construction d'un bassin à flot. L'avance monte à 10,000,000, à amortir en quinze annuités, à partir de 1872. Le droit de tonnage est fixé à *vingt* centimes.

L'article 4 est ainsi conçu : « L'Etat s'engage à concéder à la Chambre de Commerce, le long des quais du bassin à flot, les terrains nécessaires à la création de magasins-docks. Le prix de la concession de ces terrains sera égal au prix moyen payé par l'Etat lui-même, sans addition d'intérêt. Ce prix viendra en déduction des dernières annuités à payer par l'Etat. Les autres conditions de la concession seront déterminées par un décret rendu en Conseil d'Etat. »

Par décret en date du 7 juillet 1869, la colonie de la Guadeloupe est autorisée à percevoir, sur les navires de toute provenance et de tous pavillons entrant à la Pointe-à-Pitre, des droits dont le maximum est fixé à 2 fr. par tonneau pour les navires chargés, et à 50 c. pour les navires sur lest. La perception de ces droits cessera après l'acquittement de la dépense relative à l'amélioration du port.

de commerce qui ne souffre plus ou moins de l'état de la Loire, et qui ne soit appelée à se développer par le seul fait de la transformation du fleuve.

Constructions navales. — Aucun port français ne peut être mis en comparaison avec Nantes pour les constructions navales. De 1854 à 1857, ses chantiers ont livré 29,500 tonneaux de port, par an. C'était le résultat d'une activité exceptionnelle ; mais de 1864 à 1868 la production a encore atteint, chaque année, 18,500 tonneaux. Ce chiffre est remarquable en présence des facilités données au commerce, depuis le 1er janvier 1867, pour la francisation des navires étrangers moyennant un simple droit de 2 fr. par tonneau de jauge (1). L'acquittement de ce droit a porté en 1868 (pour toute la France) sur 106 navires en bois (17,776 t.) et 11 en fer (6,860 t.).

Dans l'enquête relative aux traités de commerce, un constructeur de Bordeaux a reconnu que les navires coûtent moins cher à Nantes qu'au Hâvre, Bordeaux et Marseille.

En 1866, les chantiers de Nantes ont construit 25 bateaux à clapets en fer pour l'isthme de Suez (5,750 tonnes) ; en 1867, 30 bateaux à clapets (9,000 t.) ; 8 chaloupes (870 t.), un baliseur en fer de 45 chevaux, un pompeur de 25, une drague de 22 chevaux (2), un bateau-porte en fer, sans compter les ponts, charpentes et autres ouvrages fixes.

Bordeaux et Lormont ont construit : en 1866, 19 navires en bois jaugeant 8,096 t. ; en 1867, 18 navires (6,387 t.) ; en 1868, 13 navires (4,989 t.), trois canonnières et un vapeur en fer (non jaugés). Ces chiffres doivent être augmentés de 40 à 50 °/o pour avoir le tonnage effectif (3).

(1) Malgré le bas prix nominal des navires du Canada, les constructeurs de Nantes ont conservé leur clientèle. On admet généralement la supériorité, sous tous les rapports, des navires sortant de leurs chantiers.

(2) Ces travaux sont compris dans les 18,500 t. afférents à chacune des années 1866 et 1867.

(3) Le Hâvre n'a plus qu'un chantier. La construction est insignifiante à Marseille.

Le développement de cette grande industrie serait considérable à Nantes, si le fleuve était en rapport avec les besoins actuels. C'est sans doute à l'abondance et à la qualité des bois de chêne dans son rayon que ce port a dû le développement de ses chantiers ; mais le temps a marqué son empreinte en formant une population ouvrière nombreuse, intelligente, assez ardente au travail.

Depuis quarante ans, de nombreux ateliers de chaudronnerie, fonderie, ajustage, ont été organisés ; la construction des bateaux en tôle et de leurs moteurs n'attend qu'un plus grand nombre de commandes, pour prendre un accroissement auquel elle est préparée. Si le port était accessible aux grands navires, la prospérité se développerait d'autant plus que la transformation du fleuve supprimerait une masse de faux frais, et que le prix de revient descendrait au-dessous de celui de Glascow (1).

Veut-on connaître l'importance des lancements faits dans la Clyde, *pendant le seul mois de juin* 1860 ? 20,318 tonneaux effectifs, se décomposant comme suit : Dix voiliers dont sept en fer, deux en fer et bois et un en bois (10,480 t.), huit vapeurs à hélice (9,738 t.), un vapeur à aubes de 100 tonneaux.

On n'ignore pas qu'aujourd'hui, à conditions égales quant aux relations établies, il suffit d'une différence minime dans les prix de revient pour assurer la prépondérance à une ville, à un port, à un atelier. Personne ne sera donc surpris qu'il y ait à faire entrer ici en ligne de compte : la difficulté des lancements dans le port de Nantes (défaut de profondeur d'eau) ; la condition

(1) Le bas prix de la main-d'œuvre compense et au-delà la surpaye du fer et de la houille. L'accroissement de la construction à Nantes ne provoquerait pas, dans le prix des journées, une augmentation qui pût balancer la suppression des faux frais.

On se souvient encore à Nantes des dépenses subies, des risques courus par deux transports de l'Etat, il y a une dizaine d'années, pendant leur descente à la mer.

L'un des constructeurs de Nantes serait prêt à accepter, dès aujourd'hui, aux prix de Glascow, toute commande comprenant un certain nombre de navire semblables, la répétition du même type étant importante pour l'abaissement du prix de revient.

*

onéreuse des armements, que la même cause oblige souvent à faire loin du chantier ; la difficulté de la descente à la mer pour les navires de fort tonnage, même non armés.

La translation à Saint-Nazaire des chantiers de construction, théoriquement indiquée par quelques personnes, paraît difficile à réaliser. Cette industrie a, comme les autres, ses moments de langueur ; il faut donc qu'elle soit placée au centre d'un grand marché de main-d'œuvre, sinon les ouvriers auraient à subir des chômages que la variété des industries locales n'atténuerait plus. Sans doute il y a de grandes souffrances individuelles lorsqu'à Nantes les constructions navales ne marchent qu'à demi ; mais la partie la plus besoigneuse du personnel se compose de manœuvres qui trouvent généralement à se caser ailleurs, ce qui n'aurait pas lieu de longtemps à Saint-Nazaire. La grande industrie n'est admissible, au point de vue de l'intérêt de tous, qu'à la condition de réunir dans quelques centres un grand nombre de spécialités. — Il y aura toujours, avec notre organisation industrielle, des ouvriers spéciaux inoccupés, lorsqu'une branche du travail national souffrira. Mais, étant mieux payés que les simples manœuvres, ils peuvent faire quelques économies, tandis que ceux-ci tomberaient immédiatement dans le dénûment absolu, sans cette variété des industries qui est leur sauvegarde. A défaut, ils n'auraient qu'un moyen d'échapper à la mendicité : la recherche au loin du travail qui manquerait chez eux, ressource incertaine et dont les conséquences lamentables ne sont que trop connues.

Armements. — Le port de Nantes possédait, au 31 décembre 1868, 650 navires jaugeant 119,108 tonneaux [1], non compris les 84 navires formant l'effectif de Saint-Nazaire (21,187 t., dont 15,500 à la Compagnie transatlan-

---

[1] Marseille : 798 navires, 158,535 t.
Bordeaux : 444 — 133,159
Le Havre : 370 — 112,301

tique). Le tonnage total des bâtiments du commerce français étant de 1,048,679 tonneaux (au 31 décembre 1867), Nantes représente plus du neuvième, et le huitième si l'on met hors de compte les Compagnies postales subventionnées.

Le matériel naval se divise en deux grandes catégories : long-cours, cabotage. Beaucoup de navires de la première catégorie ne revoient jamais leur port d'armement. — Les navires composant la seconde remontent à Nantes à la faveur des marées de vive eau, leur jauge ne dépassant pas 150 à 180 tonneaux. Il y a des pertes de temps que les navires à voiles sont seuls en mesure d'accepter; aussi le cabotage à vapeur est-il très-restreint, et ne comprend-il que de très-petits navires.

Il faut bien l'avouer, ces difficultés, ces temps perdus, sont pour ainsi dire une spécialité du port de Nantes; pareils embarras ne se rencontrent pas ailleurs, en France ou en Angleterre, avec une telle intensité. Voici l'une des conséquences les plus connues de cet état de choses : le transport des charbons de Cardiff se fait de plus en plus par de grands steamers dont le tirant d'eau approche de 5^{m}. Si cette navigation pouvait aboutir aux quais de Nantes, nul doute que des armateurs de ce port ne l'eussent entreprise. Mais la perspective de déplacements continuels, de frais extraordinaires pour l'entretien du matériel hors de Nantes, les a arrêtés, et ce trafic (130,000 tonnes par an) est fait à Saint-Nazaire, sous pavillon anglais exclusivement. — Une grande partie du Cardiff ainsi introduit par Saint-Nazaire est consommé à Nantes.

Raffineries. — Nantes tient la première place parmi les ports de France pour le commerce des sucres, et fait passer chaque année 50 à 60 millions de kilogrammes dans ses raffineries. — 1867 : sucre exotique, 45 millions; sucre indigène, 11. L'exportation des sucres raffinés a atteint 11 millions de kilogrammes en 1865, mais elle a beaucoup baissé depuis; la Suisse, l'Italie et les royaumes scandinaves occupent le premier rang parmi les pays exportateurs.

Céréales. — Nantes est le premier marché de l'Ouest pour les céréales;

l'exportation y est très-active dans les années d'abondance ; elle dépasse souvent 140,000 tonnes.

Marchandises diverses.—Les riz, les graines oléagineuses, les bois du Nord, les plombs d'Espagne, les fers et les fontes, les charbons, alimentent un commerce étendu, qui se rattache principalement aux industries locales.

Navigation.—Le malaise du marché, l'arrêt de son développement, s'expliquent en grande partie par les difficultés d'accès au port ; les allégements, avec leur cortége d'avaries, de frais, de retards, sont de plus en plus antipathiques au commerce.

Le mouvement total de la navigation du port de Nantes à diverses époques, entrées et sorties, est donné dans le tableau suivant :

1764.	Navires :	1,429 ;	tonnages :	158,543
1790.	—	2,558	—	226,046
1830.	—	4,755	—	263,227
1842.	—	6,253	—	366,583
1855.	—	6,730	—	489,617
1860.	—	7,736	—	586,405
1867.	—	6,495	—	446,643

Saint-Nazaire, 1867 : navires, 1,376 ; tonnage, 480,433

Personne ne peut savoir ce que serait le mouvement de la navigation dans la Loire transformée, donnant accès à des navires tirant 5^{m},40 en morte eau, 6^{m},50 en vive eau (au lieu de 3 à 4^{m} en vive eau, voir page 52). L'établissement d'Indret éprouverait le premier les bienfaits d'un tel changement ; quels services ne pourrait pas rendre ce grand atelier, aidé par l'industrie nantaise, si l'on donnait la profondeur au fleuve sur lequel il est assis, sans rien lui enlever de la sécurité que lui assure sa position ?

L'économie à réaliser par les navires qui, actuellement, montent à Nantes, n'est pas la chose principale. C'est l'accroissement de la navigation générale, l'accroissement des transports sur les chemins de fer eux-mêmes, qu'il faudrait pouvoir apprécier.

Il est pénible de le dire, mais qui pourrait nier que l'éducation économique fasse défaut dans toutes les classes de la société française. L'enseignement de l'économie politique n'est pas organisé, et c'est un malheur national ; deux ou trois chaires parisiennes, une ou deux chaires départementales, sont bien peu de chose pour instruire tout un peuple. Je voudrais qu'on pût du moins établir dans chaque grand port, dans chaque ville industrielle, un cours public sérieux. L'histoire de la production et de la distribution des richesses suffirait, en dehors de toute philosophie, pour faire entrer dans les intelligences des idées utiles, faute desquelles nous perdons un temps précieux.

La prospérité est proportionnelle au développement des moyens de production, à l'économie dans la distribution des richesses, et à l'élévation du niveau intellectuel et moral. — L'esprit inventif ne manque pas à notre pays, et d'ailleurs nous savons emprunter aux autres peuples leurs découvertes industrielles, leurs nouveaux modes de fabrication. Mais nous n'employons pas assez les moyens qui réussissent ailleurs pour développer la production en perfectionnant la distribution ; je veux parler des voies de communication économiques et de l'organisation commerciale. Partout où peuvent arriver facilement les matières premières, les produits manufacturés, un marché naît par la force des choses ; mais en général un marché ne prend d'importance que s'il se trouve placé dans une contrée fertile, habitée par une race laborieuse, vers le débouché d'un fleuve. La présence d'un grand marché développe la prospérité de tout un peuple ; la logique des choses (cette force qu'on ne voit pas, dit un auteur, mais qui domine tout) veut qu'il en soit ainsi. S'il faut que les petits ateliers soient partout, les grands doivent se grouper, et la loi de concentration s'applique encore plus aux marchés, parce que la fonction directrice ne peut émaner que d'un centre d'informations universelles.

Les seuls transports économiques sont les transports par masses ; si, de tous les points du terriloire, les produits destinés à l'alimentation de Paris étaient portés par la charrette du paysan, de la ferme à la halle, quel serait le prix de revient ? Quel ne serait pas le dommage pour la société, par la perte du temps de l'homme et du cheval, l'usure du matériel ? Il faut réduire au minimum l'emploi des moyens onéreux de distribution ; on consacrera plus de bras à la production, et l'on fera des échanges plus avantageux ; le pays deviendra plus riche en un mot.

Que chacun fasse donc en sorte d'avoir un bon chemin de la ferme ou de l'usine à la route voisine, que la commune et le département construisent et entretiennent des voies publiques multipliées, sillonnant le territoire à mailles serrées dans toutes les directions, que l'Etat emploie les ressources de la centralisation pour qu'au bout de chaque route on trouve la gare du chemin de fer, ou le port de la voie navigable, et qu'enfin à tous les aboutissants une porte large ouverte donne un accès facile sur les mers qui baignent la France, sur ces grands chemins de l'univers qui donneront un jour à l'humanité la prospérité dans la paix, lorsque les hommes comprendront la solidarité qui les unit, en dépit de leurs passions, lorsqu'ils banniront de leurs cœurs ces haines hideuses dont le développement à fait jusqu'ici la moitié de l'histoire du monde.

Les conditions de climat sont diverses, les productions varient d'un pays à un autre ; les échanges entre les peuples, aussi bien qu'entre les individus, sont donc une loi naturelle. De même que nous trouvons de grands avantages dans la division du travail national (avantages cher payés quelquefois, par fausse application du principe), de même il est utile à l'humanité entière que chaque peuple produise ce que son sol donne plus économiquement qu'un autre. Mais on conçoit le rôle que joue le transport, lorsqu'il s'agit de distances telles que la valeur des produits se trouve doublée, quintuplée parfois, dans le passage du lieu de production au lieu de consommation ; aussi tout ce qui tend à l'économie de la construction maritime, à la prospérité du roulage océanique, prend-il à nos yeux une importance extraordinaire. Pour ce qui concerne nos ports, cette importance est d'autant plus grande qu'ils sont les ports naturels d'une partie de l'Europe centrale, en même temps que de la France elle-même ; ils sont par conséquent appelés à jouer un rôle immense dans le mouvement général du commerce, dans la liaison intime de tous les intérêts. Plus on étudie la carte de l'Europe, plus on est surpris qu'une grande navigation de canaux et de rivières, sans lacunes, sans chômages prolongés, ne relie pas encore le Rhin à la Basse-Loire.

Je ne cherche à servir aucun intérêt spécial, et je crois à la prospérité, au développement de Saint-Nazaire ; mais, après avoir mis les choses dans leur véritable cadre, je crois pouvoir dire que l'hypothèse : *Nantes, port de cabotage,* semblerait bien étrange. Le grand mouvement qui aboutira par la vallée de la Loire à l'Océan, et remontera de l'Océan jusqu'au milieu de l'Europe, pivotera sur le point central des transbordements (de wagons et surtout de bateaux à navires, de navires à wagons et à bateaux). Ce point ne peut être qu'un grand marché, un grand atelier, c'est-à-dire ce qu'est déjà Nantes dans une certaine mesure. Le germe, ici déposé, s'accroîtra ici, en même temps que fonctionnera l'admirable annexe de l'embouchure, avec ses bassins couverts de grands navires, avec sa part d'une industrie exubérante.

Convient-il, pour satisfaire aux besoins nouveaux, de dépenser 50 millions à l'intérieur du port de Nantes et dans le bas de la rivière, ou bien faut-il abandonner ce vieux port et diriger sur les bassins de Saint-Nazaire les bateaux de l'Europe? — Poser la question c'est la résoudre, car la navigation sera toujours dangereuse pour la batellerie ordinaire au-dessous de Paimbœuf ; et il est chimérique de prétendre développer le mouvement dans la Loire en imposant soit des transbordements dans des gabares, soit des transformations du matériel naviguant à l'intérieur. Cette dernière solution est inadmissible, parce qu'un matériel plus coûteux, moins bien approprié aux circonstances ordinaires, ne peut être accepté en vue de quelques kilomètres de parcours.

L'encombrement des bassins par les bateaux serait à prévoir, si par impossible le mouvement de la navigation intérieure pouvait être dirigé sur Saint-Nazaire, et l'on aurait en perspective de grandes dépenses. La concentration du transbordement nécessiterait la création de nouveaux bassins, et avant qu'on ne s'y décidât la construction de nouvelles écluses, car il faudrait se prémunir contre le désastre de la fermeture du port [1], et se mettre en mesure de faire entrer les bateaux dans les bassins aussitôt après leur arrivée sur rade [2]. Enfin l'on ne peut se dissimuler que tout serait à créer à Saint-Nazaire, les chantiers de construction, les entrepôts, etc., etc. — Décidément, il vaut mieux dépenser 50 millions dans le port de Nantes et dans la Basse-Loire, tout en se promettant de tirer grand profit des deux bassins de Saint-Nazaire, station obligée des très-grands navires et port d'attache des transatlantiques.

Plus on creuse la question, plus on voit qu'il n'y a pas d'antagonisme réel, que la complication apparente n'est qu'un rêve. Qu'on élève le regard, qu'on étudie le rôle commercial de la France en Europe, et Nantes apparaîtra dans l'avenir prochain ce qu'il sera certainement : grand marché, grand atelier, grand port maritime.

Pendant l'année 1866 il est entré à Glascow 8,617 navires jaugeant 1,383,781 tonnes, dont 4,504 navires à vapeur jaugeant 920,045 tonnes (sans compter les

---

(1) Un accident récent, qui n'a pas eu fort heureusement de conséquences graves, a montré qu'une pareille crainte n'est pas chimérique.

(2) Les gabares elles-mêmes ne sont pas en sûreté lorsqu'elles ont à passer, chargées, une nuit en rade de Saint-Nazaire.

bateaux desservant seulement la rivière). — Les importations se sont élevées à 648,169 t., les exportations à 839,131.

La position de Nantes n'est-elle pas plus favorisée par la nature que celle de Glascow ?

Pendant l'année 1865, il est entré dans le port de Greenock 2,011 navires, non compris les steamers de la rivière. « Le mouvement mari-
» time du port de Greenock, situé vers l'embouchure de la Clyde, n'a point
» diminué depuis l'amélioration de cette rivière, dit un document anglais ; un
» chemin de fer trafique entre Greenock et Glascow, en concurrence avec la
» voie navigable, et trouve un vaste aliment à son entretien. »

Si l'intérêt national demande qu'on transforme Nantes et la Loire, Saint-Nazaire n'en souffrira pas ; son rôle s'agrandira au contraire, au grand profit des intérêts généraux.

Le rôle de Nantes dans la navigation générale est indiqué par la nature. Non-seulement les conditions de l'embouchure de la Loire garantissent le succès des travaux projetés [1], mais encore la position centrale de cette embouchure, sur les côtes européennes de l'Atlantique, la désignent à toutes les marines comme un point d'atterrissage obligé. Belle-Isle-en-Mer procure un abri qui achève de rendre ces conditions merveilleusement appropriées aux besoins ; aussi voit-on déjà grand nombre de navires sediriger sur ce point, de tous les ports du globe, à ordres, et partir de là pour se rendre au lieu que le télé-

---

[1] « De tous les grands cours d'eau qui arrosent la France, la Loire est le fleuve qui possède la meilleure embouchure. » (JURIEN DE LA GRAVIÈRE.)

Voir : *Résumé*, page 115.

graphe fait connaître. N'est-ce pas un avantage, ajouté à tant d'autres, pour le fleuve le plus important de notre territoire; n'est-il pas certain qu'une fois navigable pour les grands navires, jusqu'à son principal port, il recevrait sur ses eaux une belle part des richesses qu'échangent les continents ?

Nantes, 25 juillet 1869.

TRANSFORMATION DE LA BASSE-LOIRE

RAPPORT DE L'INGÉNIEUR EN CHEF

BASES DE L'AVANT-PROJET.

Vers la fin de 1868 nous avons fait connaître, dans une courte brochure, nos idées sur l'amélioration de la Loire maritime.

« En résumé, disions-nous en terminant, les moyens proposés pour transformer la Basse-Loire sont les suivants :

» 1° Réduction du lit à un bras unique, et suppression de toutes les entraves à la propagation du flot;

» 2° Abaissement de l'étiage (1). »

Notre programme est resté le même, à cela près qu'on n'applique pas d'une manière absolue le principe de l'unité de bras, des réservoirs latéraux étant conservés parallèlement au chenal navigable.

On justifiera successivement les dispositions proposées; il ne s'agit en ce moment que d'en faire l'exposé.

Nous appellerons ligne des étiages, ou lieu géométrique des hauteurs d'étiage, la ligne passant par les plus basses eaux observées aux divers points de la Loire. Cette ligne est doublement fictive :

(1) Voir la note A.

1° En ce qu'elle ne représente, à aucun moment, le profil en long de la surface de l'eau, puisque la basse mer n'a pas lieu à la même heure aux divers points;

2° En ce que, les basses mers fussent-elles simultanées, la ligne dont il s'agit ne représenterait pas encore un état momentané du fleuve, car les plus basses correspondent aux vives eaux vers Saint-Nazaire, et aux mortes eaux vers Nantes.

Lorsque nous parlerons d'une pente actuelle de la ligne des étiages, de la pente nouvelle après les travaux, on saura qu'il s'agit des déclivités de lignes fictives. Au moment de la basse mer en un point, la pente peut différer beaucoup de celle de la ligne des étiages.

Nantes. — Le zéro de l'échelle du pont de la Bourse est à la cote $3^m,68$ au-dessus de celui de Saint-Nazaire. La Loire est descendue au maximum à $0^m,50$ au-dessous, soit à la cote $3^m,18$.

Saint-Nazaire. — La plus basse mer observée marquait $0^m,18$ à l'échelle.

Au-dessus de Nantes, la marée de morte eau ne se fait presque pas sentir, parce que l'étiage est déjà très haut dans ce port, comparativement à Saint-Nazaire, et qu'il s'exhausse rapidement en amont. Pour bien comprendre cet état de choses, il faut jeter les yeux sur le profil en long (pièce n°). On remarquera que le relèvement brusque commence à l'extrémité supérieure du port maritime de Nantes, où la cote de l'étiage est $3^m,18$, tandis qu'elle atteint $4^m,04$ au pont de la Rotonde (ce qui fait $0^m,86$ pour 900^m de longueur) et $4^m,25$ à $1,280^m$ au-dessus. Le massif de Nantes forme l'équivalent d'un barrage, et il est difficile de concevoir qu'on n'ait pas reconnu plus tôt, dans un pareil fait, l'une des causes de l'infériorité de la Loire maritime. On sait cependant que, toutes choses égales d'ailleurs, les qualités d'un port à marées sont proportionnelles à la montée du flot en amont. La cote moyenne de la haute mer de morte eau étant $4^m,20$, et celle de la haute mer de vive eau $5^m,30$, on voit que l'emmagasinement au-dessus de Nantes est bien faible ; il l'est d'autant plus que le fleuve ne se tient que 70 jours par an à moins de $0^m,50$ au-dessus de l'étiage, d'après le relevé que nous avons fait de 1849 à 1868 (1).

L'abaissement de l'étiage est le seul moyen qu'on puisse employer pour qu'en chaque point de la Loire, à Nantes et au-dessous, on soit en aval d'un considérable emmagasinement de marée. Il a fallu chercher où s'arrêterait l'abaissement du lit nécessaire à cet effet (2), et l'on verra pourquoi nous avons choisi le point

---

(1) Lorsque nous parlons de l'étiage actuel de Nantes, il ne s'agit pas du zéro de l'échelle du pont de la Bourse, mais bien de l'étiage réel (— 0,50 de cette échelle, 3,18 de Saint-Nazaire). De même, il faut entendre la cote — 0,40 de l'échelle du lieu, lorsqu'il est question de l'étiage de Mauves.

(2) On ne rencontre de rocher à une altitude nuisible, en aval du point 48,500, qu'à la Haute-Indre. En consultant, à l'occasion des forages entrepris dans le lit de la Loire, le *Guide du Sondeur,* j'ai trouvé, p. 295, t. I, quelques indications sur une innovation qui présente quelque intérêt. Il s'agit d'une fondation que nous avons exécutée en 1844 dans l'emplacement d'une pile écroulée du pont de Mucidan (Dordogne). Pour atteindre le rocher, on a dû faire traverser aux pieux la partie des maçonneries anciennes qu'il avait été impossible d'extraire, par suite de la grande profondeur de la rivière, avec les moyens dont on disposait. J'ai eu là une première occasion de reconnaître combien un procédé nouveau, fût-il très simple, a besoin d'être étudié pour devenir pratique, et je ne serais arrivé que difficilement au but sans la direction, aussi prudente qu'intelligente, du très regrettable M. Kermaingant, mon ingénieur en chef. MM. Degousée et Laurent décrivent l'opération d'une manière assez peu claire ; nous profitons de l'occasion qui se présente pour donner quelques renseignements :

Lorsqu'on veut asseoir une construction sur un terrain solide, dont on est séparé par un mélange de matières que les pieux, battus par les procédés ordinaires, ne

48,500, à sept kilomètres et demi au-dessus du point A du profil en long (port de Nantes). — Afin de ne pas mettre en mouvement un volume indéfini de sable, on limitera la partie maritime par un barrage, dont le couronnement sera arasé au niveau convenable pour ne rien changer au régime fluvial. L'étiage au pied sera abaissé de la cote $4^m,73$ à la cote $1^m,95$, ce qui donne $2^m,78$ pour la chute. Le lieu géométrique des étiages présentera une pente de $0^m,03$ par kilomètre; il passera à Nantes à $1^m,73$ et aboutira à Saint-Nazaire à la cote actuelle $0^m,18$. Une écluse pourvoira aux besoins de la navigation fluviale. — Le barrage se trouvant en amont des fermetures du bras de Pirmil, il suffira de compléter celles-ci, *sans les exhausser*, pour concentrer les petites crues dans le bras principal. Pendant les basses eaux, l'emmagasinement de la marée sera plus que suffisant pour entretenir, avec des vitesses égales aux anciennes, les $6^m,50$ demandés au-dessous de la vive eau moyenne. (Voir les calculs de M. l'Ingénieur ordinaire).

Lorsque la marée dépassera la hauteur du fleuve, dans l'emplacement du barrage, elle se développera en amont comme par le passé. Si l'on construit des barrages mobiles sur la Loire, les hausses du dernier seront établies sur notre barrage fixe; il y aura à étudier un système de manœuvres pour ne rien perdre du bassin récepteur de marée, et améliorer au contraire les

---

peuvent traverser (pierres de taille, etc.), on emploiera le système des forages tubés, en cas d'impossibilité de déblayer les obstacles. Le tube descendu, on le remplit de bon mortier hydraulique gâché serré; on le retire; puis on enfonce le pieu, qui fait refluer le mortier dans les graviers et débris qu'il a empêchés de couler dans le trou. Le même tube sert ensuite pour les autres pieux. On arrive par ce moyen à avoir un pilotage formant avec la masse ambiante un tout solidaire et fixe, malgré son défaut d'homogénéité.

conditions d'écoulement dans la partie maritime. La batellerie n'éprouvera qu'une gêne insignifiante.

De grands dragages seront exécutés depuis le barrage jusqu'à la mouille de Trentemoult. On ne fera, en aval, que les dragages nécessaires pour compléter l'action de la plus grande montée du flot, etc. En face de la Haute-Indre, on procèdera au déblai d'une arête de rocher.

Le débit, dans la traverse de Nantes, aura lieu exclusivement (en eaux basses et moyennes) par le bras de la Madeleine, après la destruction du barrage qui le ferme presque entièrement à l'amont, la construction d'un pont à piles minces, en remplacement de l'ouvrage massif que l'on connaît, et l'achèvement des digues amont du bras de Pirmil. Le canal Saint-Félix, barré à ses deux extrémités, deviendrait un bassin à flot, dont une petite partie seulement accessible aux navires tant qu'on n'aura pas transformé les ponts. Le bras de Pirmil restera ce qu'il est, un bras de secours en temps de crue. Les vieux barrages noyés qui le traversent (voir la carte gravée), empêcheront les descentes de grèves de prendre une grande importance. Au moment de la basse mer, un rapide se formera dans ce bras, après l'abaissement du lit en aval; mais cela n'empêchera pas la très petite navigation de la Sèvre-Nantaise de s'effectuer à haute mer, et à toute heure en temps de crue. Les piles du pont de Pirmil, solidement assises sur pilotis descendant au rocher, défendues par des enrochements qu'on rechargera au besoin, n'auront rien à craindre. On se bornera à prendre quelques mesures de précaution, pour prévenir la pourriture des charpentes de fondation dans leur partie supérieure, à moins qu'on ne se décide à faire du bras de Pirmil un second bassin à flot, fermé par un barrage éclusé peu élevé, qui n'empêcherait pas les grandes crues de s'écouler dans de bonnes conditions.

Au-dessous de Couëron, on procèdera à une rectification générale des digues, et à leur prolongement jusqu'à la tour de Bouée d'un côté, jusqu'à Sardine de l'autre. Quelques-unes des petites îles seront détruites, ainsi qu'une partie de l'île

Thérèse, et le produit du déblai porté derrière la nouvelle digue de la rive Nord. Enfin, le barrage du Carnet, élevé de $3^{m},32$ au-dessus du zéro de Saint-Nazaire, sera dérasé jusqu'au niveau de la basse mer de vive eau. La petite navigation du canal de Buzay se fera par une écluse placée en tête du bras Sud de l'île de Bois (voir les explications données dans le chapitre intitulé : *Tracé du chenal. Bras secondaires*). Les travaux actuellement proposés seraient complétés ultérieurement, si les résultats obtenus amenaient, comme à Glascow, de nouveaux besoins. Nous indiquons en pointillé les digues supplémentaires qu'il y aurait alors à exécuter aux abords de Paimbœuf, et les rectifications à faire entre Nantes et Couëron.

LA LOIRE FLUVIALE.

I.

Il fut un temps où la Seine maritime et la Seine fluviale ne valaient pas les parties correspondantes de la Loire. Les choses sont aujourd'hui bien changées, car Rouen reçoit des navires de 700 tonneaux (1), et les bateaux tirant 2^m remontent à Paris.

Pourquoi, d'un côté, de grandes dépenses, et de l'autre un demi-abandon? Pourquoi les bateaux de la Mayenne et de la Sarthe, auxquels on a procuré une navigation de $1^m,50$, ne trouvent-ils, en débouchant en Loire, qu'une profondeur d'eau insuffisante, réduite à $0^m,40$ aux époques de grande sécheresse? Est-ce par suite de l'impuissance reconnue des systèmes qui ont réussi ailleurs? Non, car on n'a adopté sur la Loire fluviale aucun système, pas même celui des digues, qui passe à tort pour y avoir échoué.

On a endigué la Garonne, on a divisé la Seine fluviale en biefs séparés par des barrages mobiles. Sur la Loire on s'est borné, en dehors des ouvrages de défense contre les inondations, à établir quelques digues partielles, qui ne pouvaient produire que des effets de peu d'importance.

Essayons de caractériser d'une manière générale la marche à suivre dans la Loire fluviale.

---

(1) Voir les renseignements donnés dans la note B, pages 10 à 12, sur les travaux de la Basse-Seine.

La nature géologique des terrains traversés par un fleuve et par ses affluents est la principale cause du régime qu'il affecte, au point de vue de la plus ou moins grande mobilité de son lit. A l'époque des grands cataclysmes, les eaux transportaient au loin d'immenses volumes de matières solides, les plus grosses et les plus denses roulant sur le fond, les autres tourbillonnant avec l'élément liquide. Aujourd'hui les choses se passent plus tranquillement : on a constaté (nous revenons au bassin de la Loire) que les matières apportées par les torrents s'arrêtent à l'origine des plaines, pour la presque totalité, en sorte que les berges seraient la source à peu près unique des matières charriées par les rivières (1). Cela suffit pour que les sables encombrent le fleuve, et ce serait un grand bienfait d'en tarir la source. Mais la présence d'un immense emmagasinement complique la question.

Les sables du lit sont toujours en marche ; pendant les crues, leur mouvement s'accélère en même temps que celui de l'eau. Les courants se distribuent autrement qu'en temps ordinaire : sur tels points où ils se portaient on remarque un repos relatif, tandis que de grandes vitesses mettent en mouvement des grèves naguère découvertes. C'est la conséquence du déplacement des lignes de plus grande pente. Lorsque survient la période de décroissance, il y a une succession de lignes de grandes vitesses, dans des directions variées par suite des circonstances locales, tels obstacles précédemment surmontés s'opposant au maintien de certaines directions de courants. A chaque hauteur des eaux correspondrait un état spécial d'équilibre mobile du fond, si cette hauteur se maintenait longtemps. Cela n'ayant pas lieu, on peut concevoir la difficulté des prévisions sur le résultat final, puisque celui-ci se trouve fonction de circonstances de temps et de lieux, dont la variété se complique de leurs com-

(1) Nous parlons des sables et des graviers; les vases entraînées au loin par les courants proviennent des coteaux aussi bien que des berges. (Voir le chapitre intitulé : *Les sables et les vases*.)

binaisons entre elles. Nous admettons que le lit majeur soit définitivement limité par les coteaux et par les digues insubmersibles consolidées ; mais le tracé du lit mineur nous reste, et il faut le considérer en lui-même et dans ses rapports avec le lit majeur.

A. — Considéré en lui-même, le lit mineur doit satisfaire aux conditions suivantes :

1° Être d'une largeur proportionnée aux volumes à débiter (trop large, défaut de profondeur ; trop étroit, inondations provoquées) ;

2° Présenter une succession de courbures bien ménagées (Annales, 1868, 1er semestre) ;

3° Se rétrécir aux points où le thalweg passe d'une rive à l'autre, sans s'écarter du principe de la variation graduelle des courbures du tracé.

La première condition correspond à la profondeur moyenne. Soit L la largeur à adopter entre deux affluents, H la profondeur moyenne, I la pente par mètre dans cette partie du fleuve, U la vitesse moyenne dans un profil en travers, au moment où le débit D est égal au débit annuel moyen (en tenant compte de tous les jours où il n'y aurait pas débordement hors du lit mineur). On aura [1] :

$$\frac{HI}{U^2} = 0{,}00028 + \frac{0{,}00035}{H} \quad \ldots\ldots\ldots (1)$$

$$D = L.\, H.\, U \quad \ldots\ldots\ldots\ldots\ldots\ldots (2)$$

D est connu, on prend pour I la pente moyenne actuelle entre les deux affluents voisins ; les formules permettent de calculer les valeurs de H et de U pour chaque valeur donnée de L, ou de L et de U pour chaque valeur donnée de H.

---

(1) Voir la note C. Nous supposons connues les équations données dans cette note.

Occupons-nous de la Loire entre la Maine et l'origine de la partie maritime. Si l'on projette un lit mineur dont les rives soient à $1^m,50$ au-dessus des plus basses eaux, le débit moyen (non compris les époques de débordement) sera de 300^m cubes par seconde, ce qui correspond à $0^m,70$ au-dessus de l'étiage. La pente moyenne est de $0^m,16$ par kilomètre, soit $I = 0,00016$. Cela posé, cherchons U et L, pour la profondeur moyenne $H = 1^m,70$. Celle-ci correspondra à plus de $2^m,20$ dans le thalweg si l'on considère le profil en travers d'une mouille, ou en autres termes à plus de $1^m,50$ au-dessous de l'étiage. Les formules donnent $L = 235^m$, $U = 0^m,75$.

La profondeur, étant sensiblement uniforme aux points où le thalweg change de rive, serait égale à $1^m,70$ (1^m au-dessous de l'étiage) sur les maigres, si la troisième condition ne permettait pas de l'augmenter. Nous voulons une profondeur de $1^m,50$ au-dessous de l'étiage, soit $H' = 1^m,50 + 0^m,70 = 2^m,20$. Si l'on admettait encore la valeur $I' = 0,00016$, les deux formules donneraient L' et U'; mais on peut ne pas faire d'hypothèse sur la pente et se servir de l'équation 3 *bis* :

$$U - 10\sqrt{HI} = U' - 10\sqrt{H'I'}$$

dans laquelle U, H et I se rapportent au cas précédent, et U', H' et I' à la partie qu'il s'agit de rétrécir. On a ainsi trois équations, dans lesquelles entrent D, H, L, U, I, H', L', U' et I', en écrivant (1) et (2) avec les nouvelles notations. D, H, L, U, I et H' étant connus, on pourra calculer les trois autres quantités. On trouve :

$L' = 182^m$, $U' = 0^m,75$, et $I' = 0,00011$. Il convient de faire remarquer ici que la supposition faite dans le premier calcul, sur la valeur de I, en a vicié le résultat, puisque nous aurions une pente moyenne inférieure à la moyenne réelle. Il faudra recommencer les calculs en donnant à I une nouvelle valeur, et l'on arrivera, après quelques tâtonnements, à satisfaire à la condition de la pente totale. On éviterait ces tâtonnements en posant, dès le commencement, $I + I' = 0{,}00032$, puisqu'on aurait alors six équations pour déterminer I, U, L, I', U', L'.

Nous avons admis plus haut qu'il suffisait d'avoir $H = 1^{m},70$ (ou 1^{m} sous l'étiage), pour la profondeur moyenne dans les profils des mouilles; mais on conçoit qu'il faudra recourir à l'examen des faits existants dans les parties les moins irrégulières du cours d'eau. L'écart entre la profondeur moyenne H et la profondeur dans le thalweg, au passage de la mouille, ne sera pas constant; il variera avec la longueur et l'accentuation des courbes.

La méthode générale que nous venons d'exposer conduira à l'établissement d'un tracé rationnel du lit mineur, entre la Maine et la Loire maritime. La répartition de la pente totale sera loin de comporter d'aussi grandes inégalités qu'aujourd'hui.

Mais la principale difficulté consiste à se prémunir contre les conséquences du bouleversement du lit pendant les crues.

B. — Considéré dans ses rapports avec le lit majeur, le lit mineur devrait se rapprocher le plus possible des lignes de plus grande pente de la vallée, pour éviter les grands troubles signalés précédemment, pendant les crues; mais, ne pouvant satisfaire à cette condition, il faut porter notre attention sur les moyens de régulariser le lit pendant la période décroissante. Dans ce but, utiliser la force vive des eaux moyennes pour combattre les désordres de la crue débordée, afin que la section se rapproche, au moment où les eaux rentrent dans le lit mineur, de la forme qui convient au régime estival. Or, ce retour aux conditions désirées ne peut être que la conséquence du plus fort débit possible par le lit mineur, et pour cela de la suppression des causes qui entretiendraient, jusqu'au dernier moment, de vifs courants en dehors de ce lit. Donc il faudra :

1° Fermer par des digues, au niveau général des rives, les dépressions qui existent dans celles-ci :

2° Relier les bords du lit mineur aux rives actuelles par des barrages transversaux, tenus au niveau le plus bas qu'il sera possible.

Ces deux moyens augmenteront la portion du débit total qui, en temps de crue, passera par le lit mineur approfondi.

LA LOIRE FLUVIALE.

II.

Il est difficile d'admettre que les calculs sommaires du chapitre précédent puissent suffire pour déterminer les dimensions du lit mineur, car la solution définitive doit dépendre d'une manière plus directe des vitesses de fond, celles-ci jouant sans aucun doute le principal rôle. Rien ne garantit en second lieu qu'on puisse accepter un résultat basé sur un débit moyen, et l'étude successive de plusieurs états de la rivière paraît indispensable.

Procédons du simple au composé, et pour cela considérons d'abord une rivière de largeur fixe, à débit constant, à fond de sable uniforme et indéfini, sans apports nouveaux. Les eaux remanieront le sable jusqu'à ce que la vitesse de fond soit égale à une certaine valeur limite, qu'on peut déterminer par l'expérience. Alors on connaîtrait D, L et W dans les trois équations :

$$\frac{HI}{U^2} = 0{,}00028 + \frac{0{,}00035}{H} \quad \ldots\ldots\ldots (1)$$

$$D = L \cdot H \cdot U \quad \ldots\ldots\ldots\ldots\ldots\ldots (2)$$

$$W = U - 10\sqrt{HI} \quad \ldots\ldots\ldots\ldots (3)$$

et l'on pourrait calculer H, I et U. L'hypothèse d'un fond indéfini, composé de matières transportables par une vitesse de fond connue W, a pour conséquence le remaniement du lit, à moins que la pente initiale ne soit inférieure à celle qu'on déduirait des équations. Sauf cette exception, le courant déblayera jusqu'à ce que H, I et U satisfassent à (1), (2) et (3): le problème est déterminé, puisqu'il y a autant d'équations que d'inconnues.

Nous savons qu'il existe deux modes de transport du sable dans les rivières: le roulement sur le fond et la suspension au sein des eaux courantes. Dans le premier cas, le phénomène se lie d'une manière directe à la vitesse W; dans le second, un éminent auteur le fait dépendre de la vitesse relative des filets.

Le transport du sable en suspension a été observé sur la Loire. Arrivés à une certaine ténuité, les grains sont emportés dans toute la masse liquide, comme la poussière dans l'air. La vase se dépose lorsque la vitesse est à peu près nulle, le sable très-fin si elle est minime. Les filets voisins étant animés de vitesses différentes, on suppose que de la vitesse plus grande du filet supérieur résulte une sorte de succion. Le poids du grain de sable serait ainsi annulé, moitié par la sous-pression correspondant à l'état statique du liquide, moitié par la différence supplémentaire que l'état de mouvement introduit dans les valeurs respectives des pressions.

Dans cette théorie, un liquide en mouvement équivaut, au point de vue de la suspension des matières solides, à un liquide plus dense en repos. Il ne semble pas que cela soit exact, puisqu'avec les mêmes vitesses ce liquide ne retiendra pas à la même hauteur un grain de sable plus gros. Celui-ci reste au fond, ou se meut dans des couches inférieures à celles qui transportent le sable fin, tandis que deux corps homogènes flottent ensemble dans un liquide en repos, ou ne flottent ni l'un ni l'autre, quelle que soit leur grosseur.

Pour trouver la véritable explication du phénomène, il faut d'abord se débarrasser de la notion du filet liquide, inconciliable avec les déplacements continuels de chaque molécule par rapport aux molécules voisines. Le transport des corps solides par les fluides en mouvement obéit à des lois uniformes, que le fluide soit liquide ou gazeux. Le courant d'air, comme le courant d'eau, roule les grains de sable sur le sol ou les suspend dans sa masse.

Théorie du mouvement des sables. — Lorsqu'une molécule d'eau vient frapper le fond, elle communique une certaine quantité de force vive au grain de sable rencontré ; celui-ci part dans une direction qui dépend de celle du choc et de sa position au milieu des molécules solides et liquides avoisinantes. Il y aura projection au-dessus du fond ou roulement sur celui-ci, suivant la direction et la valeur de la puissance, et les conditions dans lesquelles s'exerceront les résistances. Mais on voit de suite que la suspension correspondra surtout aux grandes vitesses qui amènent des chocs vifs, incessamment répétés, de chaque molécule liquide sur le fond, les trajectoires devenant plus mouvementées à mesure que la vitesse générale de translation s'accélère. Il doit y avoir une certaine vitesse au-dessous de laquelle les transports par suspension n'ont plus lieu qu'exceptionnellement, pour chaque densité et chaque grosseur de sable. Alors, le grain qui vient de recevoir un choc roule à petite distance et s'arrête ; s'il n'est pas repris immédiatement dans sa nouvelle station, d'autres grains viendront se superposer et des déformations de la surface du lit se produiront. Dans des courants un peu vifs, le grain recevra des chocs répétés à petits intervalles, et marchera assez régulièrement jusqu'au point où un élargissement amortira les vitesses des molécules liquides ; il se formera un amas ou grève sur la ligne des amortissements. Les grains d'arrière auront à grimper sur un plan incliné ; ils tomberont au pied du talus regardant l'aval, et toute la grève leur passera sur le corps avant qu'ils ne se remettent en marche. La translation se continuera lentement, jusqu'à ce qu'une crue vienne modifier la situation. Aux courants de cette crue correspondront des chocs suspenseurs ; les sables marcheront entre deux eaux, reviendront au sol, seront repris, etc., en décrivant des trajectoires analogues à celles des molécules d'eau, mais plus brèves, avec retours plus fréquents et parfois station sur le fond. L'importance des transports s'accroîtra suivant une progression rapide avec la hauteur de la crue.

Les gros grains seront soulevés moins haut et retomberont plus vite ; on ne les trouvera donc que dans les couches inférieures. Les sables menus, offrant plus de prise comparativement à leur poids, se trouveront partout dans le courant, parce qu'ils seront plus facilement remontés, par l'action directe ou indirecte des molécules liquides rebondissant du fond. — Pour des vitesses un peu fortes, chaque molécule liquide décrit incessamment des trajectoires qui l'amènent à toucher le fond à intervalles rapprochés, ce qui dérange complètement la théorie des filets parallèles et de leurs vitesses relatives.

La vitesse réglante. — Revenons à nos équations, et posons $L = 1$, $D = 3$, $W = 0{,}55$, puis $W = 0{,}25$, pour étudier successivement le phénomène au point de vue des vitesses limites des deux modes de transport des sables [1], ceux-ci étant supposés semblables aux sables de la Loire. La valeur $L = 1$ signifie que nous considérons une bande longitudinale de 1^m dans un canal de largeur uniforme :

1° $W = 0{,}55$:

$$\frac{HI}{U^2} = 0{,}00028 + \frac{0{,}00035}{H},$$

$$3 = H \times U,$$

$$0{,}55 = U - 10\sqrt{H.I}$$

On trouve : $I = 0{,}000035$, $H = 4{,}50$, $U = 0{,}67$;

2° $W = 0{,}25$:

$$\frac{HI}{U^2} = 0{,}00028 + \frac{0{,}00035}{H},$$

$$3 = H \times U$$

$$0{,}25 = U - 10\sqrt{H.I}$$

On trouve : $I = 0{,}000003$, $H = 10^m$, $U = 0{,}30$.

---

[1] Voir ci-après les explications relatives aux valeurs des vitesses limites : 0,25 (cheminement sur le fond) et 0,55 (suspension), et au roulement des molécules liquides les unes sur les autres. Voir aussi page 278 des *Annales*, 1868, premier semestre.

Traduisons ces solutions, en commençant par reproduire l'énoncé du problème.

Un lit de largeur régulière, rempli de sable qui ne se renouvelle pas, disposé suivant une inclinaison dépassant certaine limite, reçoit un débit de 3^{m} d'eau par seconde et par mètre de largeur. Au bout d'un temps plus ou moins long, suivant la pente et la longueur du canal, un état d'équilibre instable s'établit; la profondeur d'eau est alors de $4^{m},50$, la vitesse moyenne de 0,67, la pente de 3 centimètres 1/2 par kilomètre et la vitesse au fond de 0,55. Cependant du sable est encore entraîné, bien qu'en quantité de plus en plus petite; après un temps considérable, on arrive à un second état d'équilibre. Celui-ci est définitif; il correspond à une profondeur de 10^{m}, une vitesse moyenne de 0,30, une pente de 3 millimètres par kilomètre et une vitesse de 0,25 au fond.

Bien que nos calculs s'appliquent à une rivière deux fois impossible, à force d'uniformité, il nous semble que la précision des résultats obtenus présente quelque intérêt. On peut déjà prévoir que la vitesse limite des transports par suspension est la *vitesse réglante,* dans les rivières réelles.

Mais n'anticipons pas. Pour rester fidèles au principe de Descartes, marchons graduellement du simple au composé, en n'ajoutant d'abord qu'un élément de complication.

La rivière que nous venons d'étudier ne recevait pas de corps solides. L'eau en mouvement a remanié, entraîné les sables, sans qu'aucune particule de matière nouvelle vînt contrarier son action. L'état d'équilibre stable est atteint; les 3^{m} de débit par mètre linéaire de largeur s'écoulent paisiblement, et forment une nappe profonde de 10^{m} sur un lit de sable immobile. Cette marche majestueuse vers l'Océan caractériserait un jour le régime de la Loire, si, dans un lit de sable de 200^{m} de largeur, contenu par deux murs de granit s'enfonçant dans le sol, elle recevait chaque seconde 600^{m} cubes d'eau, sans jamais recevoir de sables nouveaux. La grande profondeur du lit mobile serait une condition essentielle (car le nouveau régime suppose un abaissement énorme vers l'amont), à moins qu'on ne disposât les choses pour diviser le fleuve en une succession de biefs.

Un cataclysme survient. Notre rivière, qui avait fait son régime par un travail prolongé, reçoit maintenant 15^m cubes de sable par jour et par mètre de largeur ; l'introduction se fait en un seul point par l'apport d'un seul affluent. Toutes les circonstances précédemment énumérées subsistent d'ailleurs. Les eaux semblent impuissantes, leur travail journalier n'entraîne qu'une partie des apports et l'œuvre des siècles précédents se défait graduellement. Le fond s'exhausse au point d'arrivée des nouveaux sables, et le bourrelet s'étale un peu vers la mer. La surface des eaux s'exhausse aussi et la vitesse s'accroît. Les modifications du régime étant lentes, on peut encore appliquer les deux premières formules, et l'on voit, en les combinant, que la profondeur et la pente superficielle sont liées par la relation :

$$I = 9 \times \left(\frac{0,00028}{H^3} + \frac{0,00035}{H^4}\right)$$

Le soulèvement des eaux par l'encombrement du lit a augmenté la pente. L'équation démontre que cela correspond à une diminution de la profondeur H. Dès-lors, d'après l'équation (2), la vitesse moyenne augmente. Nous ne pouvons plus écrire (3) en attribuant une valeur à la vitesse de fond ; mais, dans sa forme générale,

$$W = U - 10 \sqrt{H.I}$$

cette équation nous apprendra le sens de la variation de W. Remplaçant HI par sa valeur tirée de (1), on a :

$$W = U\left(1 - 10 \sqrt{0,00028 + \frac{0,00035}{H}}\right) = \frac{3}{H}\left(1 - 10 \sqrt{0,00028 + \frac{0,00035}{H}}\right)$$

et l'on voit que, pour une profondeur égale aux neuf dixièmes de la précédente, soit 9^m, W devient 0,27, au lieu de 0,25.

La vitesse de fond s'accroissant à mesure que la rivière s'encombre, il y a là un principe d'équilibre qui, tôt ou tard, pourra balancer la cause du désordre.

Le mouvement par roulement sur le fond commence lorsque $W = 0,25$, et l'on a constaté sur la Loire que la marche des grèves s'accélère assez régulièrement à partir de cette vitesse. Il doit être possible d'exprimer le débit de sable, dans un canal régulier, par une fonction de la vitesse de fond, telle que $d = m\,(W^2 - 0,0625)$ [1], m étant un coëfficient à déterminer par l'expérience, d le débit en sable par seconde et par mètre de largeur de rivière, et 0,0625 le carré de 0,25. Lorsque la vitesse W dépassera 0,55, le débit de sable sera la somme des débits $m\,(W^2 - 0,25^2)$ et $F\,(W, 0,55)$. Si donc l'équation précédente conduit à une valeur de W inférieure à 0,55, le mouvement de première espèce suffira pour balancer les apports par les entraînements de sable, et l'on obtiendra la profondeur, la pente et la vitesse moyenne de l'état d'équilibre, en portant dans (3) la valeur de W, et en combinant cette équation avec (1) et (2). Si au contraire on trouvait $W > 0,55$, on ne tiendrait pas compte de ce premier résultat ; on poserait :

$$d = m\,(W^2 - 0,25^2) + F\,(W, 0,55),$$

---

[1] Un ingénieur, connu par d'intéressants travaux sur le régime de la Loire, a trouvé qu'une expression de cette forme rend bien compte de la marche des grèves, *par roulement des grains de sable;* mais qu'ensuite cette marche devient plus lente, lorsque la vitesse du courant est assez forte pour entraîner les sables *en suspension*. Cela s'explique, puisque la plus grande partie des grains ne se dépose plus à l'extrémité de la grève. Le coëfficient m serait probablement une fonction de variables.

et c'est la valeur tirée de cette équation qu'on substituerait à W dans (3).

Soit $W = 0{,}70$ le résultat du calcul ci-dessus. On aura :

$$\frac{HI}{U^2} = 0{,}00028 + \frac{0{,}00035}{H}$$

$$3 = H.U$$

$$0{,}70 = U - 10\sqrt{H.I}$$

On trouve : $I = 0{,}00008$, $H = 3^m{,}50$, $U = 0{,}86$. Lorsque l'apport de sable a commencé, nous avions une profondeur de 10^m, une pente de 3 millimètres par kilomètre, une vitesse moyenne de $0^m{,}30$. Les sables nouveaux ont exhaussé le fond et la surface des eaux s'est relevée, en proportion de d et de la distance à la mer de l'affluent porteur du sable. La vitesse W augmentant graduellement, on arrive toujours à une certaine valeur (0,70) pour laquelle le débit de sable est égal à l'apport. ***L'équilibre mobile stable*** est alors obtenu, et la situation reste indéfiniment équivalente à elle-même, grâce à l'uniformité des débits solide et liquide. La pente nouvelle étant de $0^m{,}08$ par kilomètre, soit $0^m{,}077$ d'augmentation, le relèvement du fond, au droit de l'affluent supposé à 100 kilomètres de la partie maritime, est de $7^m{,}70$; mais, la profondeur de l'eau étant réduite de $6^m{,}50$, le relèvement de la surface liquide ne sera que de $1^m{,}20$. En amont, les apports formeront un talus raide, et la rivière un bief profond où la vase se déposerait jusqu'à un certain niveau, si le fleuve ou ses affluents en apportaient. Pour une rivière de 200^m de largeur, l'augmentation d'emmagasinement du sable (conséquence du relèvement du plan incliné) se chiffrerait par un volume de 77 millions de mètres cubes. Le volume solide écoulé chaque année par l'aval serait de $1{,}095{,}000^{mc}$, à raison de 15^{mc} par jour et par mètre de largeur.

Le premier élément de complication que nous ayons introduit consiste dans un apport régulier de sable. Le second se rapportera à l'addition de débits liquides irréguliers au débit constant ci-dessus supposé. Un pareil fait troublera l'équilibre mobile qui venait de se constituer ; mais l'intégrale du travail moteur étant accrue, on ne peut prévoir que des abaissements périodiques du fond, suivis de relèvements lorsque le débit revient à sa valeur minima. Ces oscillations au-dessous de la position qu'on vient de définir ne prendront jamais fin; après un abaissement, le débit minimum s'écoulera d'abord avec une vitesse insuffisante pour équilibrer les apports, d'où relèvement; et ainsi de suite.

Il nous reste à mentionner l'irrégularité des apports de sable. Notre lit avait été façonné suivant une pente régulière, lorsque les débits d'eau et de sable étaient uniformes; puis des débits liquides additionnels ont produit des approfondissements. Mais si nous considérons des crues qui soient à la fois des crues d'eau et de sable, nous aurons un supplément de résistance à vaincre, en même temps qu'un supplément de force vive à utiliser; au lieu d'un déblai, il peut se produire un relèvement du lit.

On ne voit pas jusqu'ici de motifs pour que les pentes soient décroissantes, à mesure qu'on s'avance vers l'Océan. Comme cette décroissance existe presque toujours, il faut qu'il y ait intervention d'une cause non prévue ci-dessus. Nous la trouvons pour la Loire dans les débits des affluents d'aval, qui sont peu producteurs de sables; ils fournissent de la force sans alimenter l'obstacle. Cela méritait d'être remarqué. — La présence de parties inaffouillables, en certains points des rivières à fond mobile, joue souvent le principal rôle dans la répartition des pentes; mais elle peut expliquer des relèvements et non des abaissements. L'amoindrissement de l'un des facteurs du travail moteur suppose l'augmentation de l'autre, si le travail résistant est le même; celui-ci augmentant et le débit liquide restant ce qu'il est, il faudrait un accroissement de la pente. On voit que la vallée de la Loire serait toute différente si le Cher, l'Indre, la Vienne et la Maine produisaient plus de détritus.

Le nivellement définitif est la résultante des débits du fleuve et de ses affluents, de la composition et de la résistance des coteaux et des terrains des vallées, et des combinaisons de ces éléments entre eux. L'action de l'homme doit principalement consister dans la défense des berges attaquées par les courants, opération doublement utile lorsqu'elle se combine avec l'établissement d'un lit mineur régulier.

Procédons maintenant à l'étude spéciale du problème de la Loire, en distinguant les deux cas possibles, et en commençant comme toujours par le plus simple, celui de la suppression des apports solides. Il faut remarquer que nous avons omis ci-dessus l'exemple d'une rivière ne recevant pas de nouveaux sables, et débitant des volumes d'eau variables. Nous sommes passés de la rivière idéale primitive à celle qui reçoit un apport de matières solides, compliquant ensuite de plus en plus sans revenir sur nos pas; mais l'étude complémentaire trouvera place au début du chapitre suivant.

LA LOIRE FLUVIALE.

III.

Nous supposons d'abord que les berges de la Loire supérieure et de l'Allier soient fixées, et que par suite le débit en sable devienne négligeable. Que deviendra la Loire, le mouvement des matières qui l'encombrent continuant vers la mer, sans que l'emmagasinement actuel puisse se renouveler ?

Si les sables formaient une épaisseur indéfinie, partout également mobile, il suffirait de régulariser le lit mineur pour se rapprocher beaucoup de la rivière idéale du précédent chapitre. Mais il existe des obstacles dans le fleuve (1) (radiers de ponts, bancs de roche, etc.), et d'ailleurs il n'y a pas intérêt à faire beaucoup descendre son niveau. Pour concilier les nécessités diverses de la situation avec une navigation à grand tirant d'eau, l'objectif sera donc une série de biefs séparés par des barrages éclusés, puisqu'on pourra de la sorte diminuer la pente sans provoquer vers l'amont un affouillement inadmissible.

Lorsqu'on aura une bonne coupe géologique longitudinale, on pourra étudier avec fruit la question des biefs ; mais nous nous bornerons ici à une étude

---

(1) Par suite des forages entrepris pour la rédaction du projet ci-joint, on a trouvé deux rochers à petite profondeur : l'un au-dessous de Mauves, l'autre à Haute-Indre. (Voir les pièces nos et).

sommaire, pour la partie du fleuve qui s'étend entre l'embouchure de la Maine et le barrage projeté de Bellevue (à sept kilomètres et demi au-dessus du centre de Nantes).

Le nouveau profil en travers de la plaine se composerait en général : de terrains défendus par une digue insubmersible, d'une prairie non abritée que nous qualifions *lit majeur*, d'un *lit moyen* défendu par des traverses (à profil droit ou brisé), d'un *lit mineur* — et de même vers l'autre rive, à cela près que la seconde zone du lit majeur borde le coteau et non une seconde digue (sur de grandes longueurs il n'y a même de digue insubmersible d'aucun côté). Je fais abstraction des complications résultant de la présence de nombreuses îles, etc.

Les sables du bassin de la Loire ne se renouvellent plus par hypothèse, mais nous en recevrons longtemps encore, provenant des masses qui encombrent actuellement le lit. Afin que les désordres produits par les grandes crues soient réparés par les crues ordinaires, on devra combiner l'endiguement mineur de manière que des vitesses affouillantes y existent en cas d'encombrement. Pour cela, il faut que l'on ait pour vitesse de fond la limite des transports par suspension [1], lorsque les eaux coulent à pleins bords dans le lit mineur convenablement réglé. De la sorte, des vitesses supérieures seront assurées pour le moment où, la rivière rentrant dans son lit, des amas locaux se trouveraient dans le chenal. Si cela est nécessaire on prendra des mesures (au moyen de manœuvres des parties mobiles des barrages) pour opérer des chasses éner-

---

(¹) Dubuat a trouvé $0^m,16$ à $0^m,22$, suivant la grosseur et la densité du sable, pour la vitesse limite nécessaire à l'entraînement par roulement sur le fond. — D'après les expériences de Telford, un fond de sable est corrodé par l'eau animée d'une vitesse de $0^m,30$. — M. Sainjon, ingénieur des ponts et chaussées à Orléans, est arrivé à une équation d'après laquelle le sable de 2 millimètres 1/2 de diamètre serait entraîné par un courant de $0^m,25$ (vitesse de fond). Nous reproduisons quel-

giques dans le bief encombré, en dirigeant l'action de ces chasses à l'aide d'appareils flottants, successivement conduits où besoin serait. On obtiendrait ainsi un nivellement provisoire qui, en général, se maintiendrait jusqu'à la crue suivante.

On déterminera d'abord, par des considérations relatives à l'écoulement

---

ques passages des rapports de cet ingénieur : « Tant que la vitesse du courant ne » dépasse pas $1^m,016$ par seconde, *à la surface* (*), le déplacement des grèves aug- » mente assez régulièrement avec la vitesse du courant. *Au-delà de cette vitesse, le* » *déplacement diurne des grèves descend à des chiffres très faibles. Le sable est en-* » *traîné en partie par le courant au-delà de l'extrémité de la grève,* au lieu de » glisser en totalité le long du talus qui la termine, comme cela arrive pour les vitesses » inférieures. — Si l'on appelle *D* le déplacement de la grève et *V* la vitesse *à la surface* » du courant, on trouve que la relation empirique $D = 0^m,0013\ (V^2 - 0,11)$ rend » assez bien compte de ce qui se passe. — La formule ne peut plus s'appliquer au » cas où, la vitesse du courant devenant suffisamment grande, les grèves dispa- » raissent complètement. Les conditions du mouvement de transport du sable sont

(*) Si l'on se souvient que $\frac{H.I}{U^2} = 0,00028 + \frac{0,00035}{H}$, et que l'on attribue successivement à H les valeurs 0,50, 1^m et 2^m, l'équation :

$$\frac{V}{U} = 1 + 14\sqrt{\frac{H.I}{U^2}}$$

donnera $U = 0,71$, 0,75 et 0,78, pour $V = 1,016$. L'équation $\frac{W}{U} = 1 - 10\sqrt{\frac{H.I}{U^2}}$ conduit ensuite aux valeurs de W : 0,49, 0,56 et 0,61. — Mais le W limite des transports par suspension ne doit pas varier sensiblement, pour une densité et une grosseur données du sable ; l'incertitude provient de ce que l'observation des vitesses a été faite à la surface, et de ce qu'en réalité les formules ci-dessus ne sont guère applicables à des courants où les profondeurs varient brusquement ($0^m,52$ en amont d'une grève, $1^m,28$ en aval, etc.). Nous avons adopté $W = 0^m,55$, moyenne des valeurs précédentes.

Lorsque les sables arrivent dans la section Maine à Mauves, ils sont moins gros, et par conséquent plus faciles à transporter, que lorsqu'ils font partie des grèves auxquelles se rapporte le tableau.

des grandes crues, la hauteur des bords du lit mineur. Pour cela, après avoir étudié le tracé sur un bon plan coté, on établira une série de profils en travers de la vallée, et l'on superposera le profil nouveau avec la largeur approximative 200^m. Les choses seront combinées de telle manière que la section nouvelle ne diffère de l'ancienne, au-dessous de la crue maxima, que d'une quantité

» alors changées; *le sable est entraîné par le courant qui le tient vraisembla-*
» *blement en suspension au milieu des filets liquides plus ou moins voisins du*
» *fond de la rivière.* »

TABLEAU DES OBSERVATIONS.

Vitesse *par minute* du courant *à la surface.*	HAUTEURS D'EAU			Déplacement de la grève en 24 heures.	OBSERVATIONS.
	en amont de la grève.	en aval de la grève.	Différence		
mètres	mètres	mètres	mètres	mètres	
34,90	0,300	1,200	0,900	2,60	
38,70	0,350	0,650	0,300	2,86	
44,00	0,418	»	»	4,42	
45,00	0,660	1,442	0,782	5,44	
49,00	0,622	1,589	0,967	5,83	
49,00	0,438	»	»	6,48	
50,00	0,524	1,284	0,760	6,60	
60,00	1,030	1,983	0,953	9,05	
61,00	1,415	2,335	0,920	10,75	
61,00	1,270	1,850	0,580	10,35	61^m par minute à la surface, ou $0^m,55$ par seconde au fond; vitesse limite, à partir de laquelle les deux modes de transport coexistent. (L.)
62,00	0,940	1,427	0,487	5,40	
63,00	0,465	1,077	0,612	6,16	
67,00	1,000	2,198	1,198	5,05	
68,00	1,150	1,800	0,650	7,50	
80,00	0,950	1,900	0,950	4,88	

Le mouvement de deuxième espèce (suspension) est très visible, et l'on constate ses effets d'une manière directe dans bien des cas (Dupuit, Minard). Il est essentiel de remarquer que, pour des vitesses ordinaires, ce mouvement existe à la surface même du fond; les grains s'avancent par bonds successifs. Chacun a pu observer des effets de ce genre provenant de l'action du vent sur divers corps solides.

évidemment compensable par la diminution du périmètre mouillé et la régularisation générale du tracé. Si 1^m au-dessus de l'étiage est la hauteur ainsi obtenue, on s'imposera la condition suivante : le nouveau lit mineur débitant à pleins bords, faire en sorte que le volume qu'il écoule soit égal à celui de la crue ancienne (430^{mc}) s'élevant à la même hauteur absolue.

Soit 3^m la profondeur à obtenir au-dessous des crêtes du lit mineur, on aura : $D = 430$, $H = 3{,}00$, $W = 0{,}55$.

Les équations : $$\frac{3{,}00 \times I}{U^2} = 0{,}00028 + \frac{0{,}00035}{3{,}00} \ldots\ldots (1)$$

$$430 = L \times 3{,}00 \times U \ldots\ldots (2)$$

$$0{,}55 = U - 10\sqrt{3{,}00 \times I} \ldots\ldots (3)$$

donnent : $U = 0{,}69$, $L = 208$, $I = 0{,}00006$.

La différence de pente à racheter par les barrages serait de 0^m,10 par kilomètre, la pente moyenne de la Loire étant de 0^m,16 par kilomètre en aval de la Maine.

Quelle sera la profondeur minima, au moment du débit d'étiage 100^m, si la courbe du remous rejoint la ligne de pente ancienne au pied du barrage d'amont ?

On a : $$\frac{H \times 0{,}00006}{U^2} = 0{,}00028 + \frac{0{,}00035}{H}$$

$$100 = 208 \times H \times U$$

$$W = U - 10\sqrt{H \times 0{,}00006}$$

d'où : $H = 1{,}20$, $U = 0{,}40$, $W = 0{,}32$.

La profondeur serait de 1^m,20 à l'étiage et la vitesse au fond de 0,32, ce qui est une vitesse notablement supérieure à la vitesse limite des transports de sable par roulement ; mais il faut remarquer que cette vitesse diminuerait, à mesure qu'on s'éloignerait de l'origine de chaque bief. Pour éviter des ensablements en amont des barrages, on ne relèverait ceux-ci que le plus tard possible, et de même on les abaisserait avant que le débit n'augmentât beaucoup. Ces manœuvres, en temps opportun, sont rendues possibles par l'endiguement. — Le tirant d'eau pourrait être augmenté en exhaussant les barrages ou en augmentant leur nombre. Dans tous les cas les sables s'épuisant peu à peu (puisque la source est supposée tarie), on finirait par avoir de grandes profondeurs qui se maintiendraient indéfiniment.

La Loire actuelle. — Lorsqu'on considère la Loire avec son débit actuel de sable, les raisonnements ci-dessus s'appliquent encore, à cela près que les dépôts accidentels seraient plus fréquents.

Il est intéressant de rechercher quelle profondeur on obtiendrait par la création d'un lit mineur, entre la Maine et Bellevue, sans barrages, en conservant la pente moyenne de $0^{m},16$ par kilomètre. Nous partirons toujours du même principe : le règlement par les crues elles-mêmes, lorsque des dépôts existent dans le lit au moment où elles y rentrent. Pour cela, nous calculerons les dimensions à adopter pour qu'une certaine vitesse de fond caractérise l'écoulement après régularisation faite.

Lorsqu'il s'est agi de diviser la rivière en biefs, nous avons considéré la vitesse de fond 0,55 comme suffisante, le lit supposé réglé, nous basant sur les valeurs plus grandes de cette vitesse tant qu'un encombrement subsisterait; mais en même temps nous avons admis l'utilité d'un système de chasses, parce qu'on ne peut apprécier exactement la limite des désordres pendant les crues débordées, bien qu'on ait la certitude de disposer le lit de manière à les atténuer. Avec l'endiguement seul, nous n'avons pas la ressource des chasses; il faut des vitesses plus grandes. Soit $U = 0,90$; les équations nous donneront :

$$H = 2,20,\ L = \frac{D}{1,98}$$

Ainsi, nous aurions la profondeur 2,20 pour tout débit qui serait lié à la largeur par la relation $D = 1,98 \times L$, la pente étant 0,00016, la vitesse moyenne 0,90 et la vitesse de fond 0,71, celle-ci étant plus que suffisante pour déblayer les dépôts qui altéreraient accidentellement la valeur de H. Par quelles considérations serons-nous guidés pour déterminer le débit de pleins bords D? Evidemment par des considérations relatives à l'écoulement des grandes crues, et nous admettrons comme précédemment que l'étude spéciale ait conduit à fixer le relief des rives du lit mineur à la cote 1^m au-dessus de l'ancien étiage, et à chercher la concordance de la crue débitant 430^m dans les états ancien et nouveau. On trouve alors : $L = 217^m$.

Lorsque la Loire ne débitera plus que les 100^{mc} d'étiage, il ne faut pas s'attendre à ce que la profondeur soit $2^m,20 - 1^m = 1^m,20$; rien ne prouve que si, en passant du débit 100 au débit 430, la Loire actuelle ne monte que de 1^m, il en soit ainsi dans l'état nouveau, et il est même bien certain que cela ne sera pas. L'exhaussement de 1^m pour l'état actuel ne peut d'ailleurs être qu'une moyenne des observations relevées à diverses échelles, ou le résultat de l'observation faite à une seule. Ce n'est que dans un lit régulier que l'exhaussement puisse être constant d'un point à un autre, et encore faut-il qu'après une phase de transition la crue se tienne un certain temps au débit supposé. — Les trois équations donnent pour le débit 100^{mc}, la pente 0,00016 et la largeur 217 :

$$H = 0{,}90, \quad U = 0{,}51, \quad W = 0{,}39.$$

La valeur de W est notablement supérieure à la limite des vitesses de transport du sable de la Loire par roulement. Elle dépasserait les vitesses simultanées de la partie en amont de la Maine.

Le débit 430 , qui correspond aujourd'hui à la crue de 1^m, s'écoule à pleins bords dans notre lit mineur avec une profondeur de $2^m,20$, et pour le débit 100 , nous avons $H = 0^m,90$. — Les bords seront donc à $1^m,30$ au-dessus de l'étiage, et celui-ci sera abaissé de $0^m,30$. Le remaniement initial ne sera cependant pas considérable, pour peu que dans le tracé du lit mineur on suive le thalweg actuel, où la profondeur moyenne est de $1^m,67$, bien qu'elle se réduise à $0^m,40$ sur certains hauts fonds.

Est-il certain que le fond se règle suivant la pente de 16 centimètres par kilomètre, et dans le cas de l'affirmative peut-on prouver que ce soit à $2^m,20$ au-dessous des bords du lit mineur ?

Les vitesses de fond étant affouillantes, on admettra l'égalisation des profondeurs moyennes par les débits 600, 500, 400, sauf les variations provenant des contractions périodiques dont il sera parlé ; mais ne pourrait-il pas arriver, sur une certaine longueur encombrée, que les débits moyens n'eussent pas le temps de rattacher le fond au nivellement général? — Voyons comment procèdent les courants lorsque la rivière rentre dans le lit mineur, ou mieux dès que les courants extérieurs cessent d'avoir de l'importance. Sur les bourrelets, occupant certaines parties du chenal, des vitesses supérieures résultent de la diminution de la section : des entraînements de sable ont lieu, d'où comblement partiel des parties profondes, c'est-à-dire tendance à la régularisation. Celle-ci atteindra généralement le but par les motifs suivants :

1° Les crues débordées auront creusé des fosses profondes à toutes les rencontres de leurs lignes de plus grande pente avec le lit mineur. Chaque fosse est un réservoir tout préparé pour recevoir les sables déposés dans le chenal, entre le point de rencontre considéré et le point semblable immédiatement supérieur ;

2° Les volumes des fosses au-dessous du niveau normal seront égaux dans leur ensemble aux volumes des dépôts, parce que les grandes crues emporteront autant de sable de la partie en aval de la Maine qu'elles en apporteront, les sections immédiatement au-dessous des grands éboulements de berges étant seules dans une condition différente.

Les débits moyens auront à remplir un premier office, qu'ils accompliront aisément : porter chaque amas à la fosse voisine, et en cas d'insuffisance de celle-ci à la suivante. Ensuite l'équilibre sera remis en question par les nouveaux arrivages d'amont, qui continueront sans jamais s'arrêter complètement ; mais un écoulement graduel, proportionné aux débits, ne peut donner d'inquiétude sérieuse pour la partie régularisée de la rivière. La valeur $0^m,71$ de W, qui caractériserait l'écoulement dans le cas où le débit 430 aurait lieu à pleins bords, est très supérieure à la limite $0^m,55$; par conséquent il y a plus de probabilité de voir le fond descendre au-dessous du niveau calculé que de le voir s'exhausser.

En définitive, la seule circonstance dangereuse consisterait dans une très petite durée des débits moyens, après une grande crue ; on aurait alors à subir une détérioration jusqu'aux débits moyens qui suivraient.

Les dépressions des bords du lit majeur devront être fermées avec soin, pour prévenir les courants partiels avant débordement général sur les prairies.

Dans ce qui précède, on n'a pas abordé les questions de détail relatives au tracé des digues. Cependant ces questions ont de l'importance, et nous allons leur consacrer un article spécial.

Tracé du lit mineur. L'étranglement périodique. — Nous n'avons pas dit le dernier mot des résultats possibles de l'endiguement seul, car nous n'avons pas tenu compte dans les calculs ci-dessus des inégalités de largeurs indiquées dans un précédent chapitre. Une étude spéciale sur le plan coté du fleuve nous permettant de tracer l'axe du lit mineur, nous le ferons en nous rapprochant le plus possible du thalweg existant, sans oublier le principe de la variation graduelle des courbures. Si nous disposions des éléments nécessaires pour calculer les coëfficients de l'équation de la loi de la mouille (mémoire de M. Fargue, p. 44), nous pourrions établir le profil en long du thalweg (p. 74), en partant de la profondeur au passage de la mouille. Comme la profondeur est constante dans le profil en travers du maigre, nous aurions le tirant d'eau minimum pour le cas de digues parallèles. Admettant alors que l'égalité des W entraîne celle des U, nous terminerions très-simplement les calculs en posant $D = L\ U\ H = L'\ U\ H'$, d'où $L'\ H' = L\ H$. La largeur réduite à adopter pour avoir une certaine profondeur H' sur le maigre serait ainsi déterminée, et l'on verrait si elle peut se concilier avec un bon tracé ; ou bien on établirait celui-ci, et l'on chercherait la profondeur pour le L' qu'il donnerait. Mais tout cela suppose qu'on puisse déterminer les coëfficients : à défaut, nous serons obligés de renoncer à une vérification intéressante.

Les formules ne cesseront pas d'être applicables si l'on fait varier la largeur dans des limites modérées, puisque les coëfficients de (1) ont été déterminés d'après l'observation des phénomènes sur des rivières et cours d'eau qui ne sont pas d'une régularité mathématique.

En dressant un tableau des valeurs de $\frac{W}{U}$ pour une série de valeurs de H [1], on voit que ce rapport varie peu dans les limites des profondeurs à considérer, en passant d'un profil à l'autre avec un même débit. — L'égalité supposée des W, conséquence de l'équivalence des équilibres mobiles dans nos divers profils en travers, conduit donc à écrire $L.\ H = L'.\ H'$, comme on vient de le supposer. Il faut adopter une largeur plus petite L' pour le profil du maigre, si l'on veut que la profondeur H' devienne plus

---

(1) Le théorème général qui ressort de l'équation (3), mise sous la forme $\frac{W}{U} = 1 - 10\sqrt{\frac{H.I}{U^2}}$, est celui-ci : le rapport $\frac{W}{U}$ est constant lorsque H ne varie pas, quelles que soient les valeurs de I et de U (puisque l'expression sous le radical $= 0,00028 + \frac{0,00035}{H}$).

Pour $H = 1^m$ — $1^m,50$ — 2^m — 3^m

on a : $\sqrt{\frac{H.I}{U^2}} = 0^m,025 - 0^m,0226 - 0^m,021 - 0^m,020$

et $\frac{W}{U} = 0^m,75 - 0^m,774 - 0^m,79 - 0^m,80$

Ce tableau justifie l'égalité approximative des U, *pour un cours d'eau endigué*, lorsque les W sont égaux. $L\ H\ U$ étant égal à $L'\ H'\ U'$, et les U étant loin de varier proportionnellement aux H, il y aura égalité approximative entre $L\ H$ et $L'\ H'$.

grande que la valeur moyenne calculée. Afin que les courbures soient mieux ménagées, on adoptera au profil de la mouille une largeur plus grande qu'au profil moyen, ce que l'inégalité des profondeurs dans le profil en travers permet de faire sans inconvénient.

H', profondeur sur le maigre, étant plus grand que la profondeur moyenne dans le profil intermédiaire, et *à fortiori* que H'', profondeur moyenne dans le profil de la mouille, on aura, en vertu de l'équation (1), $\frac{H' I'}{U'^2} < \frac{H'' I''}{U''^2}$, le second membre $a + \frac{b}{H}$ étant d'autant plus petit que H est plus grand. — En divisant tous les termes de (3) par U, on déduit de ce qui précède $U' < U''$, ces deux vitesses différant toutefois très-peu. L'inégalité précédente donnant $I' < I'' \frac{H'' U'^2}{H' U''^2}$, et le second facteur du second membre étant inférieur à 1, on trouve enfin $I' < I''$.

Il est démontré que la largeur rétrécie correspondra à la plus grande profondeur moyenne et à la plus petite pente. Si donc nous affectons la grande largeur au point de plus grande courbure, et que le tracé soit d'ailleurs fait d'après les principes établis par M. Fargue, nous serons assurés d'avoir *une mouille profonde dans la section de la profondeur moyenne minima.* Un tracé très-peu accentué et une très-grande variation de largeur pourraient seuls modifier ce résultat.

L'équation (1) mise sous la forme :

$$I = \frac{D^2}{L^2 H^2}\left(\frac{0,00028}{H} + \frac{0,00035}{H^2}\right) \ldots \ldots . (1 \textit{ bis})$$

montre immédiatement que I et H varient en sens contraire, lorsque $\frac{D}{LH} = U$ peut être considéré comme constant.

Par suite de l'étranglement au maigre, la profondeur y est plus grande que les profondeurs *moyennes* des autres profils, la pente y est un minimum et elle est un maximum au profil de la mouille.

Il y aura donc diminution de I en allant de celle-ci au maigre, augmentation en passant du maigre à la mouille. Les variations de la profondeur moyenne auront lieu dans le sens opposé à celles de la largeur et de la pente. Si H passe de 2 à 3^m, le rapport des U et par suite celui des $L\ H$ sera 0,99 (note précédente), c'est-à-dire que l'hypothèse $W = W'$ conduit à l'égalité des sections lorsque, le régime étant établi, on a $D = D'$.

Nous avons trouvé, pour un profil intermédiaire entre la mouille et le maigre, que la crue de pleins bords caractérisée par le débit 430^{mc} correspondrait, la pente étant supposée égale à $0^m,16$ par kilomètre, à la largeur 217^m et à la profondeur $2^m,20$. Pour que le même débit, supposé établi d'un bout à l'autre de la partie de rivière considérée, s'écoulât également à pleins bords dans le passage rétréci, il faudrait que la largeur, la profondeur et la pente satisfissent aux équations :

$$\frac{HI}{U^2} = 0,00028 + \frac{0,00035}{H}$$

$$430 = L.\ H.\ U.$$

$$\frac{0,71}{U} = 1 - 10\sqrt{\frac{HI}{U^2}}$$

On pourra remplacer la dernière par $U = 0^m,90$, d'après ce qu'on a vu.

Reste alors :

$$\frac{HI}{0,81} = 0,00028 + \frac{0,00035}{H}$$

$$\text{et } 430 = L.\ H.\ 0,90, \text{ ou } 217 \times 2,20 = L.\ H.$$

En donnant à H la valeur qu'on voudrait obtenir, on calculera L et I. Mais si l'on était conduit à une largeur trop petite, comparativement à 217, le tracé gradué ne serait plus possible, et la première équation cesserait d'être applicable; il faudrait recommencer les calculs avec une autre valeur de H. En conséquence, nous opèrerons comme suit :

Le tracé des rives sera fait sur le plan où nous avons déjà celui de l'axe, en adoptant d'abord la largeur uniforme 217. Ensuite, on tracera les lignes définitives, avec élargissements aux points de courbure maxima, et étranglements aux points d'inflexion et de surflexion, en tenant les variations dans les limites qui résulteront d'expériences ou d'observations *à faire*. S'attachant particulièrement à la courbe la plus défavorable, au point de vue des rétrécissements conciliables avec la formule (1), on aura une valeur de L que nous supposons égale à 175^m.

Les valeurs correspondantes de H et de I seront : 2,73 et 0,00012 (1).

Au moyen de calculs analogues, on déterminerait les profondeurs moyennes et les pentes pour autant de profils en travers qu'on le voudrait, et notamment pour ceux des mouilles et des maigres. Les pentes partielles étant soumises à la condition de concorder avec la pente totale de toute la section (Maine à Bellevue), le plus simple sera de prendre 0,00032 pour la somme des I d'un maigre et de la mouille suivante. Cette supposition n'a rien d'irrationnel, car les formules nous donneront L'' et H'' pour $I'' = 0,00020$, comme elles nous

---

(1) Dans la répartition indiquée des pentes, on n'a pas considéré la consommation inégale de travail qui résulte de la variation des courbures du tracé. Cette consommation, pour chaque mètre courant, comprend une constante (au maigre, chute ou pente minima, courbure nulle), un supplément lié à l'augmentation de la largeur et un second lié à la force centrifuge. La chute, seul facteur variable du travail moteur, en passant d'un profil en travers au profil voisin, doit augmenter en même temps que la courbure. L'influence de celle-ci ne figure pas dans les explications du texte, parce que nous avons voulu simplifier l'exposition de notre méthode des étranglements; mais il est bien entendu qu'on tiendra compte des deux ordres de faits. — On peut écrire l'équation (1) sous la forme : $I = \frac{a\,U^2}{S} \cdot L + \frac{b\,U^2}{S^2} \cdot L^2$ (S désignant la section, égale dans tous les profils pour une valeur donnée d'un débit à vitesses réglantes), et l'on voit que le premier dI augmente de plus en plus vite. La variation des courbures s'accentuant à mesure qu'on approche du sommet, les valeurs du second dI seront dans le même cas. — Il est très essentiel de remarquer que la largeur et la pente au maigre satisfont à l'équation ci-dessus, tandis que le I de la mouille n'entre dans l'équation que di-

auraient donné *H''* et *I''* pour une valeur de *L''* prise sur le plan. Nous aurons l'avantage de pouvoir contrôler à chaque opération la marche des calculs, en comparant la valeur calculée de *L''* avec le tracé d'abord établi, et en nous assurant que celui-ci peut se plier à la modification nécessaire. Inutile sans doute d'ajouter que, dans le cas contraire, on reprendrait le *L''* du plan, et qu'on trouverait facilement à rétablir l'équilibre des *I* sur d'autres courbes. Des variations de 12 à 20 ne sont rien, si l'on se reporte aux pentes actuelles de 1 à 44.

Le système des étranglements au maigre nous conduirait en somme à ceci, *pour le débit de pleins bords* 430 : *la profondeur minima dans le thalweg sera de* 2m,73 (au lieu de 2m,20) ; elle correspondra à l'un des points d'inflexion du tracé, tandis que les profondeurs maxima de ce thalweg se trouveront aux sommets des courbes, en même temps que les profils en travers de ceux-ci donneront les plus petites profondeurs *moyennes* (1).

---

minué du *dI* de la force centrifuge. Celui-ci peut être calculé par la formule des ingénieurs américains (Fournié, p. 97).

Pour un tracé de lit mineur déterminé en plan, *dans une rivière à fond mobile*, par les calculs et suivant les règles exposées, nous aurons :

1° Les profondeurs *moyennes* aux divers profils, en fonction de la vitesse et de la largeur ;

2° La répartition de la pente, en tenant compte des largeurs et des courbures ;

3° La répartition des profondeurs dans chaque profil en travers, en raison des courbures seules.

La force centrifuge pousse les molécules vers la rive concave ; c'est près de celle-ci que sera la plus grande profondeur. En passant d'un profil au voisin, on trouvera un maximum d'autant plus grand que le rayon de courbure sera plus petit, sauf l'observation relative à l'écart de la mouille, écart dû à la résultante oblique donnée par la force centrifuge et la force vive résultant de la vitesse.

(1) Il ne faut pas oublier que nous faisons la théorie de la Loire, et non celle d'une rivière quelconque, à lit plus ou moins mobile.

Ce résultat suppose que les désordres amenés par le débordement qui a précédé soient réparés. Sauf exceptions rares, les irrégularités disparaîtront, les sables des bosses allant garnir les creux, parce que les vitesses de fond agiront dans ce sens dès que le courant principal rentrera dans le chenal. Cette rentrée anticipera plus ou moins sur l'abaissement au niveau des bords, suivant les circonstances du tracé en chaque point. Des vitesses suspensives existeront partout, excepté dans les fosses profondes laissées par la crue débordée ; aux points encombrés leur énergie supérieure conduira presque toujours au but, malgré les remaniements nécessités par les positions différentes du thalweg, suivant les hauteurs de la rivière. Cette tendance à la divagation du thalweg s'affaiblira de plus en plus après la rentrée complète dans le chenal, et les courants donneront alors le dernier coup de balai régulateur. Le retour trop prompt des très-petits débits serait, comme on l'a déjà dit, le seul cas réellement dangereux.

Il importe de préciser les conditions dans lesquelles se fera l'écoulement, pour des états intermédiaires entre le débit de pleins bords et l'étiage, d'autant plus que celui-ci ne se présente qu'exceptionnellement. Remarquons que le débit 100^{mc} ne comporte pas de vitesses capables d'une grande action ; ses déclivités superficielles devront donc s'accommoder de la situation du fond résultant des débits antérieurs. — Si les débits 400, 300, ayant peu duré, n'ont pas remanié suffisamment les parties bouleversées du lit, le débit 250 continuera le travail ; si l'affaissement complet du débit n'est pas trop brusque, on arrivera à des vitesses modérées par l'augmentation de la profondeur. Soit $U = 0,65$ la vitesse pour le débit 200^{mc} (si U dépasse 0,65 sur certains points, la régularisation continuera ; s'il est moindre, c'est que la profondeur sera grande). Au profil intermédiaire on aura :

$$\frac{HI}{0,42} = 0,00028 + \frac{0,00035}{H}$$

$$200 = 217 \times H \times 0,65$$

et l'on trouve la profondeur moyenne $H = 1,42$ et la pente $I = 0,00016$.

Pour la largeur 175, on trouve de même : profondeur sur le maigre $H = 1{,}75$ et pente $I = 0{,}00012$.

La pente serait de 0,00020 au profil de la mouille et la moyenne générale 0,00016, comme pour le débit 430. Il faut remarquer que le retour aux pentes de pleins bords (il y a eu des variations dans l'intervalle) correspond à un déblai dans le profil intermédiaire ou à un remblai dans celui du maigre, puisque les lignes d'eau sont parallèles, tandis que la différence des profondeurs s'est atténuée de 0,20. Ces petites oscillations devaient être prévues.

Pour le débit d'étiage 100^{mc}, on aura :

1° Sur le maigre $\frac{H \times 0{,}00012}{U^2} = 0{,}00028 + \frac{0{,}00035}{H}$

$$100 = 175 \times H \times U$$

d'où : $H = 1{,}16$, $U = 0{,}50$;

2° Au profil intermédiaire : $H = 0{,}93$, $U = 0{,}50$.

Les 0,33 de différence dans les profondeurs moyennes précédentes se réduisent à 0,23 ; l'atténuation de 0,10 correspond à un petit remaniement final entre les débits 200 et 100. La vitesse de fond sera encore de 0,38 au moment de l'étiage, et sa valeur serait plus grande sur les hauts fonds accidentels. On comprend qu'avec des vitesses sérieusement réglantes, comme celles qui existeront dès longtemps avant la rentrée dans le lit, on ne peut guère prévoir que des imprévus avantageux. Il paraît inutile d'insister sur l'objection de l'exhaussement général du lit mineur, car personne n'aura l'idée d'un écoulement de sable moindre que dans la partie située en amont des travaux. Or, un sol ne s'exhausse que s'il reçoit plus qu'il ne donne.

En résumé l'on aurait en aval de la Maine, au moment des basses eaux extraordinaires, 1^{m},16 de profondeur minima, et pendant neuf mois et demi le tirant d'eau serait de 1^{m},75 et au-dessus (débits de 200^{mc} au moins).

D'autres travailleurs, mieux placés que nous pour achever cette étude, ne manqueront pas de la reprendre, et bientôt l'administration possèdera quelque beau projet de transformation de la Loire, de Briare ou de Combleux à Nantes. Il n'est point d'entreprise qui puisse tenter davantage une noble ambition, car il s'agit de l'un des plus grands intérêts de la France.

Nous devons répéter que les anciens endiguements partiels ne prouvent rien contre le système, parce qu'ils sont établis d'une manière défectueuse [1]. Il ne pouvait guère en être autrement, car les applications d'une science sont nécessairement en rapport avec l'état de celle-ci.

Des tracés à courbures et à largeurs graduées permettraient d'étendre la canalisation, en lit de rivière, plus loin de l'embouchure qu'on ne le croit en général. Mais on n'aurait pas partout des biefs de 75 kilomètres (comme celui de la Maine à Bellevue); l'espacement des barrages diminuerait à mesure qu'on s'avancerait vers l'amont, et l'on aurait à déterminer le point où le fleuve doit céder la navigation aux canaux artificiels. — Il faut remarquer qu'il ne s'agit pas d'un problème d'hydraulique pure; les considérations relatives aux frais de traction, aux entraves apportées par les grandes crues, etc., interviendraient nécessairement.

---

[1] Voir l'extrait ci-après de la carte du fleuve, dans le département de la Loire-Inférieure.

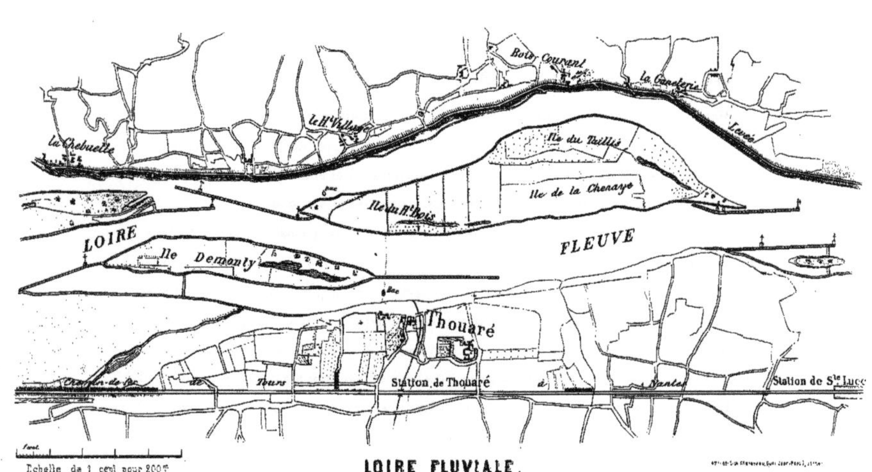

LOIRE FLUVIALE.

Plan d'une partie des ouvrages exécutés dans le Départ.t de la Loire Inf.re

(Voir la page 41.)

LA LOIRE MARITIME.

I.

Les Précédents.

Le travail le plus important qui ait été rédigé sur la Basse-Loire, à notre connaissance, est le rapport joint par M. Watier, alors ingénieur ordinaire, à l'avant-projet d'endiguement présenté en 1851 (1).

Nous reproduisons quelques passages de ce document :

« *Evaluation des faux frais de la navigation.* — ...... Si le port de Nantes était accessible en tous temps aux grands navires, son commerce pourrait réaliser annuellement une économie de trois millions, au bénéfice des nombreux consommateurs qui s'y alimentent.

» *Vase et sable transportés par les eaux.* — Les eaux de la Loire, pendant la saison d'étiage, sont très-limpides en amont de Nantes; mais le flot ramène chaque jour de la mer des eaux troubles qui viennent, jusqu'aux environs de Couëron, se mélanger à la marée pleine avec les eaux du fleuve. Ces eaux troubles, dès qu'elles restent en repos, laissent déposer les matières qu'elles tiennent en suspension. Il se forme donc avec une grande facilité des envasements partout où on les provoque par des travaux destinés à amortir le mouvement de l'eau. LES RIVERAINS PROFITENT SOUVENT DE CETTE ACTION ENVASANTE ; ILS FORMENT, UN PEU EN AVANT DE LA LIGNE DE BASSE MER, DES CORDONS D'ENROCHEMENTS DIRIGÉS PARALLÈLEMENT A LA RIVE. CES CORDONS, QUI SONT RECHARGÉS SUCCESSIVEMENT, PROVOQUENT EN QUELQUES ANNÉES DES ATTÉRISSEMENTS QU'ON PARVIENT SOUVENT A ÉLEVER AU NIVEAU DES

---

(1) Le projet de 1851 porte les signatures de MM. Jégou, ingénieur en chef, et Watier, ingénieur ordinaire. En 1860-1862, on a exécuté ce projet, dans la partie comprise entre Nantes et l'île Thérèse (MM. Jégou, ingénieur en chef, et Lechalas, ingénieur ordinaire).

PRAIRIES. Cette puissance envasante diminue considérablement en amont du Pellerin, parce que les eaux troubles de la marée ne pénètrent pas plus loin.

» Pendant les crues, les eaux sont très chargées de troubles qu'elles transportent en suspension. Ces troubles ne se déposent point lorsqu'ils suivent le courant ; mais ils se mêlent assez facilement aux sables des bras secondaires, et forment des alluvions sablonneuses dans les endroits où le courant s'amortit sensiblement. C'est de cette manière que se sont formées les prairies et les îles au travers desquelles le fleuve marche vers la mer. La puissance envasante de ces troubles est très-faible quand elle agit seule. Le courant est trop rapide pour permettre des dépôts considérables. La Loire emporte vers la mer toutes les matières qu'elle tient en suspension et dont le volume est énorme (il atteint plusieurs millions de mètres cubes par an). Cette vase provient des érosions des rives. La partie la plus tenue se tient en suspension et voyage avec l'eau. C'est la plus considérable. La partie lourde (les sables tant soit peu gros et pesants) roule au fond du fleuve et forme les grèves qui sont si nuisibles à la navigation.

» *Projet hollandais.* — Les travaux exécutés jusqu'à ce jour pour améliorer la navigation de la Basse-Loire peuvent se diviser en trois catégories. Avant de les énumérer succinctement, nous rappellerons que très-anciennement une compagnie hollandaise avait proposé d'exécuter, à ses frais, des travaux d'amélioration depuis l'embouchure jusqu'à Orléans, moyennant qu'on lui accordât la franchise du port de Nantes. Ces travaux consistaient en digues submersibles propres à resserrer les eaux dans un lit d'étiage très-étroit, dont les crues pussent sortir facilement et s'écouler par un lit majeur d'une section suffisante.

» *Travaux de M. Magin.* — La première catégorie des travaux réellement exécutés comprend les ouvrages faits de 1755 à 1768.

» Ces travaux ont été dirigés par l'ingénieur Magin, ils ont consisté :

» 1° A barrer les bras situés au Sud de l'île Cheviré, afin de ramener le chenal dans le bras Nord ;

» 2° A barrer également les bras situés au Sud de l'île d'Indret ;

» 3° A provoquer des alluvions au moyen d'épis et de plantations.

» La ville de Nantes fut autorisée à vendre à son profit le droit de faire attérir de vastes portions du lit du fleuve, à charge d'exécuter les travaux propres à atteindre ce résultat. C'est en raison de cette concession que l'on a fait attérir de vastes espaces au Sud des îles d'Indret et de Pivin. Enfin la réunion des îles Sardine, Belle-Ile et Maréchale est encore l'œuvre des planteurs subrogés aux droits de l'Etat.

» Nous regardons comme une chose fâcheuse d'avoir provoqué des attérissements, surtout aux environs de Paimbœuf. Ces attérissements gênent l'introduction du flot ; ils diminuent la capacité du bassin dans lequel s'introduit la marée, et par conséquent ils tendent à amoindrir l'effet des chasses que le flux et le reflux opèrent à l'embouchure sur les alluvions qui forment la barre. Il faut, en principe, provoquer les sables à descendre vers la mer. Il ne faut, sous aucun prétexte, faire des conquêtes sur le lit du fleuve, qui doit toujours rester un immense bassin de chasse destiné à se creuser lui-même par l'action naturelle des eaux de la marée.

» *Travaux de M. Lemierre.* — Les travaux de la deuxième catégorie ont été exécutés par M. l'ingénieur en chef Lemierre, de 1836 à 1840. Ce sont les digues de Trentemoult, Haute-Indre, Indret et Couëron. Ces digues sont généralement nivelées à 1m au-dessous de la haute mer de vive eau.

» Nous ne parlons point de la grande digue exécutée récemment entre l'île du Carnet et l'île de la Maréchale. Cet ouvrage n'a point été construit en vue d'approfondir le chenal navigable. Il a pour but d'exercer par le bras Sud de l'île du Carnet des chasses puissantes pour approfondir les rades de Paimbœuf (1).

» *Travaux d'entretien.* — Les travaux d'entretien consistent en dragages sur les passes. On extrait généralement par année 60,000mc de sable du lit de la Loire en aval de Nantes. Ce sable est, autant que possible, colloqué sur les rivages et défendu par des enrochements pour que les crues ne le ressaisissent plus. On commence les dragages aussitôt *après la saison des crues, au moment où les passes sont le plus encombrées des matières que le courant a apportées et qu'il n'a pas eu la force de faire dériver.* On drague ainsi pendant les mois où les eaux sont les plus basses. Ces travaux d'entretien sont excessivement utiles ; malheureusement, ils ne produisent point une amélioration permanente. *Les crues de l'hiver suivant viennent détruire tout le travail de chaque campagne.*

» *Aperçu du système.* — Les travaux que nous proposons d'exécuter, pour approfondir le chenal navigable dans le lit de la Loire, consistent dans des digues longitudinales en pierres formant un chenal continu augmentant de largeur progressivement à partir de Nantes. Ces digues sont toutes plus ou moins submersibles. Les plus basses encaissent le chenal vers Paimbœuf, les plus hautes sont voisines de Nantes. On a fait de nombreuses applications de ce système et *l'on a toujours réussi.*

---

(1) Cette digue, qui est un véritable barrage, n'a pas rempli le but qu'on se proposait ; les abords de Paimbœuf sont plus mauvais qu'auparavant. (L.)

» Le succès obtenu sur la Seine, fleuve soumis comme la Basse-Loire à l'action des marées, est complet (1).

» Les résultats sont admirables et suffiraient seuls pour engager à exécuter des travaux analogues sur la Loire. En Angleterre, les exemples de rivières améliorées par des digues longitudinales continues sont nombreux. Nous citerons la Clyde, le Vay, la Ribble. La Clyde offre surtout des résultats du plus haut intérêt. *On est parvenu à rendre le port de Glascow accessible à des navires de 16 et 17 pieds de tirant d'eau, bien qu'avant l'exécution des digues des barques calant trois pieds pussent à peine y parvenir.* Cet exemple prouve jusqu'où peut atteindre l'art de l'Ingénieur lorsqu'il est appliqué judicieusement, et soutenu par une énergie persévérante.

» Le système des rétrécissements a toujours réussi, mais il faut qu'il soit appliqué d'une manière continue ; autrement, on courrait risque de n'obtenir qu'un déplacement des hauts fonds. Les digues longitudinales resserrent le lit naturel du fleuve, et forcent les eaux à s'écouler dans un canal moins large que le lit primitif. Il en résulte nécessairement que les eaux recherchent et obtiennent par une augmentation de profondeur une compensation à la diminution de section du canal dans lequel on les contient. Cette augmentation de profondeur

---

(1) Il y a un considérable emmagasinement de marée au-dessus de Rouen, tandis que (M. Watier nous le dit plus loin) « l'onde de marée vient à peu près s'amortir à » Nantes. » Il faut déblayer le fleuve et abaisser le niveau de la basse mer pour que le flot s'emmagasine sérieusement au-dessus de ce port. Malheureusement, loin de chercher cet abaissement, on le considérait comme un danger contre lequel il fallait se prémunir. Autrefois on avait dans la Seine la pénétration du flot en amont de Rouen, mais un lit désordonné en aval; on a régularisé le lit et l'on a conservé l'emmagasinement au-dessus du port. Les deux conditions étaient nécessaires; mais on verra pourquoi leur existence simultanée n'a pas amené l'horizontalité de la ligne des étiages. Cependant de grandes profondeurs ont été obtenues, parce que la marée monte beaucoup plus au Havre qu'à Saint-Nazaire. Dans la Clyde, la destruction du barrage du pont de Glascow a produit une amélioration, bien que l'emmagasinement supérieur fût arrêté à petite distance par un autre barrage; si les circonstances locales permettaient d'étendre l'emmagasinement plus haut, la dépense annuelle des dragages serait très réduite. Dans la Garonne, l'emmagasinement est considérable au-dessus de Bordeaux, parce que la ligne des étiages est horizontale jusqu'à ce port. (L.)

est causée par l'accroissement de vitesse qui se manifeste immédiatement après l'exécution du travail. Cet accroissement diminue ensuite graduellement au fur et à mesure que la section d'écoulement augmente; il ne s'arrête qu'au moment où la vitesse n'est plus assez grande pour entraîner les matières qui composent le lit.

» Il s'établit alors une espèce d'équilibre entre la résistance du fond et la force entraînante de l'eau (1).

» Cette force entraînante est d'autant plus grande que la largeur du canal est plus faible. On conçoit donc qu'en rapprochant plus ou moins les digues, on puisse causer un approfondissement plus ou moins grand. La profondeur ne doit être regardée que comme une conséquence de la largeur du lit.

» Pour se faire une idée exacte des effets des digues sur la marche des sables dans le lit du fleuve, et pour apprécier à leur juste valeur les craintes qu'on peut manifester à cet égard, il faut comparer l'état de choses actuel avec l'état de choses projeté.

» Il faut se figurer dans le lit de la Loire, sur tout le développement du fleuve, entre Nantes et Lavau, un canal contenu quelquefois entre deux digues longitudinales, mais plus généralement entre une digue parallèle au rivage et ce rivage lui-même. La largeur de ce canal à Chantenay est égale à celle du bras profond qui s'étend jusqu'à Roche-Maurice. Cette largeur s'agrandit ensuite à mesure que ce canal doit donner passage à un plus grand volume d'eau de marée; elle est de 700^{m} à l'extrémité d'aval, c'est-à-dire à Lavau.

» Les digues longitudinales ne sont pas toutes élevées à la même hauteur; elles sont très-basses à Lavau, afin que le flot les submerge promptement et que la masse d'eau de marée ne soit pas diminuée. Elles s'élèvent progressivement à mesure qu'on approche de *Nantes, où vient à peu près s'amortir l'onde de la marée*. Ces digues sont, à Chantenay, un peu au-dessus du niveau de la haute mer de vive eau. Cet exhaussement progressif, qui n'a pas d'inconvénient quant à l'introduction du flot, a l'avantage de contenir les eaux pendant la saison des crues, et de continuer pendant plus longtemps l'action affouillante du courant sur le lit encaissé du fleuve.

» Les larges portions du lit actuel qui sont laissées en dehors du chenal navigable sont

(1) La puissance d'entraînement est faible en temps d'étiage. Elle est impuissante à remédier aux désordres produits par les crues. Il s'agit de bien diriger celles-ci pour profiter le plus complètement possible des crues moyennes *et des marées* (en faisant en sorte que ces dernières aient une importance réelle, jusqu'au-dessus du port.)

divisées par des digues transversales en plusieurs réservoirs échelonnés l'un au-dessus de l'autre, et destinés à s'emplir avec le flot pour restituer au jusant le volume d'eau ainsi emmagasiné, et grossir artificiellement le débit naturel du fleuve (1). Ces réservoirs, en un mot, sont destinés à produire des chasses successives et à renforcer l'action affouillante du jusant, à mesure que cette action doit se porter sur un canal contenu entre des digues plus éloignées l'une de l'autre.

» Si ces quelques mots peuvent donner une légère idée de l'état de choses projeté, on concevra facilement que l'amélioration produite n'aura rien de local. Elle devra s'étendre sur toute la longueur du canal endigué. Les sables, sur toute la longueur du chenal, seront affouillés avec la même énergie et devront en sortir promptement pour s'écouler vers la mer.

» Ici se présentent quelques objections. On peut se demander si les sables, dérivant vers la mer, n'iront pas obstruer l'entrée du canal et plus tard l'embouchure du fleuve ? Nous ferons remarquer d'abord que l'état de choses projeté ne saurait en quoi que ce soit augmenter la masse de sable qui descend annuellement de la partie supérieure de la Loire. En un mot, qu'on fasse ou qu'on ne fasse pas les digues, il n'en passera ni plus ni moins de sable sous les ponts de Nantes. L'action des digues ne peut avoir pour effet que de

---

(1) L'emmagasinement dans ces réservoirs a diminué graduellement, par suite des dépôts de produits de dragages qui ont été faits derrière les digues, et surtout par suite des attérissements. « Le bras Sud, en face Roche-Maurice, lisons-nous dans un rapport, est maintenant ensablé dans beaucoup d'endroits *au-dessus du niveau de basse mer*. Derrière la digue de Haute-Indre à Basse-Indre le bassin est plein de vase; vers l'amont elle est à 4^{m} au-dessus du zéro de Saint-Nazaire, vers l'aval à $3^{m},20$. La gare de la Basse-Indre est comblée totalement; les vases sont à la cote $4^{m},30$. Entre la digue et l'île Pivin, la vase est à la cote 4^{m}; en 1868, on a logé dans cet espace beaucoup de sable provenant des dragages. Dans les bras au Sud de l'île Pivin, la vase s'est accumulée au point que la circulation n'est possible, même pour les très-petits bateaux, qu'au moyen de la marée. Idem entre la grande digue faisant face au Pellerin et la rive Nord. Presque immédiatement après la construction de la digue de la Martinière, les vases se sont accumulées derrière; aujourd'hui c'est un vaste champ de roseaux, et l'attérissement se prolonge bien en aval de la tête de l'île de Bois, en sorte que l'entrée amont du bras de Buzay est entièrement obstruée. »

déplacer une partie des sables qui encombrent le chenal; cette action ne peut en aucune façon mettre en dérive les alluvions latérales qui se trouveront protégées par ces digues.

» Remarquons enfin que l'approfondissement du chenal ne s'opèrera qu'une fois pour toutes, et qu'ensuite l'effet du courant, dans ce chenal rétréci, sera simplement d'empêcher les sables descendant d'en haut de s'y arrêter ([1]).

» Concluons donc qu'après l'exécution des digues, la masse de sable qui dérivera vers la mer ne peut pas être plus grande qu'actuellement.

» *Approximation par le calcul.* — Nous supposons la Loire à l'étiage et la marée basse. Il s'établit alors un mouvement permanent, c'est-à-dire qu'en un même point il passe à peu près un même volume d'eau par chaque seconde.

» Dans cet état de permanence, la vitesse d'écoulement en chaque point dépend de la forme et des dimensions du lit qui contient les eaux. Elle doit être telle que le débit soit constant d'une section à une autre. Elle est faible lorsque la section d'écoulement est grande; elle est grande lorsque la section d'écoulement est petite.

» La section d'écoulement peut être grande et la vitesse petite par deux causes :

» 1° Ou bien parce que la pente de superficie est faible;

» 2° Ou bien parce que les résistances dues aux frottements de l'eau contre les parois sont grandes.

([1]) La question est moins simple qu'on ne l'indique ci-dessus (voir les chapitres intitulés : *Loire fluviale*). Il importe de concentrer le débit des crues dans le chenal, le plus longtemps possible, et d'augmenter le débit des marées au moyen de l'abaissement de l'étiage. Une plus grande profondeur sous basse mer et une plus grande dénivellation, voilà le double but à atteindre, et l'un ne va pas sans l'autre. La régularisation par l'endiguement produit des résultats utiles; mais il faut en général qu'elle se combine avec l'horizontalisation des niveaux de basse mer (travaux de la Clyde).

La diminution de $\frac{I.L^2}{D^2}$, qui correspond à l'augmentation de H, atteindra de grandes proportions si l'on fait coexister la diminution de L avec celle de I, et avec l'augmentation de D. La diminution de la pente n'entraîne pas celle de $W = \frac{D}{L\,H}\left(1 - 10\sqrt{0{,}00028 + \frac{0{,}00035}{H}}\right)$, alors même que D reste constant, dans une rivière à fond mobile.

» Il arrive toujours que la pente sur un haut fond est plus forte que dans un endroit profond. La force qui tend à faire couler l'eau doit être d'autant plus puissante que la résistance est plus grande. Si l'on opère par un moyen quelconque de grands approfondissements, sans rétrécir le lit, dans les parties où il reste actuellement le moins d'eau, l'écoulement devenant plus facile, il faudra que la pente, qui communique seule aux eaux leur mouvement de descente, diminue assez pour que la vitesse soit telle que le débit reste le même. *Il y aura abaissement du plan d'eau et par suite appauvrissement sur les hauts-fonds d'amont.* POUR OBVIER A CET INCONVÉNIENT, IL FAUT RÉTRÉCIR LE CHENAL APPROFONDI, AFIN DE SOUTENIR LES EAUX A LEUR ANCIEN NIVEAU (1).

» Les données de la question sont :

» 1° Le débit de la Loire à l'aval du port de Nantes à l'étiage et à marée basse, de 300^{mc} environ;

» 2° La pente moyenne de superficie de 0,000052;

» 3° La profondeur que nous désirons donner au chenal, qui est de 3^{m} à marée basse, de sorte qu'il y ait 5^{m} à marée haute (la vive eau monte à 2^{m} environ).

» Remarquons que la grande profondeur de l'eau ne se maintient pas sur toute la largeur du chenal. Il doit y avoir une partie profonde où s'établit le chenal et une partie moins creuse, soit d'un côté soit de l'autre. On en conclut donc que la profondeur moyenne sera moins grande que 3^{m}. Nous admettons que cette moyenne soit 2^{m},60.

» Si l'on part de ces données et que l'on fixe la largeur du chenal à 200^{m}, on trouve, par l'application des formules de l'hydraulique, que la vitesse moyenne doit être de 0^{m},58. Cette vitesse correspond en même temps à la condition que le débit soit d'environ 300^{m} par seconde. On en conclut que, pour ne pas altérer la pente de la Loire en aval du port de Nantes, et pour ne pas appauvrir le mouillage à basse mer dans ce port, il faut, si l'on creuse le chenal de façon à lui donner une profondeur de 5^{m} (ce qui suppose une profondeur moyenne de 2^{m},60 à basse mer), il faut, disons-nous, en même temps rétrécir ce chenal, et lui donner au plus une largeur de 200^{m}.

---

(1) Il faut remarquer que les Ingénieurs anglais n'avaient pas donné, à l'époque où remonte ce rapport, les renseignements qui ont permis à un Ingénieur français de publier sur la Clyde un mémoire intéressant, où l'on voit que les travaux ont produit un considérable abaissement de l'étiage, au grand bénéfice de la navigation (2^{m},13 d'augmentation de la dénivellation à Glascow).

» Sans ce rétrécissement, en supposant toujours que l'approfondissement ait été opéré, on aurait un canal trop large qui débiterait plus d'eau que la source n'en fournit, et qui, par conséquent, tarirait cette source. La section de 200ᵐ de largeur est ce que nous appelons, *en tenant compte de la pente actuelle qui ne doit pas être changée,* la section capable du débit donné. Toute section plus étroite ne pourrait donner écoulement aux eaux de la Loire qu'au moyen d'un excès de profondeur ; toute section plus large devrait forcément offrir une profondeur moyenne plus petite. Remarquons d'ailleurs que la vitesse 0ᵐ,58 est précisément la vitesse actuelle dans le bras de Roche-Maurice.

» Cherchons à comparer, en s'en tenant toujours à de larges approximations, les effets qui se produisent actuellement, à mi-marée, avec les effets qui devront se produire dans les mêmes circonstances après le rétrécissement du chenal.

» Les données de la question sont :

» 1° Le débit de la Loire, l'eau étant à l'étiage et à mi-marée dans le canal de Roche-Maurice, 470ᵐ environ ; 2° la vitesse moyenne 0ᵐ,59 ; 3° la pente moyenne 0ᵐ,000044.

» Admettons, comme ci-dessus, que l'on creuse artificiellement, sur la passe de Chantenay, un chenal de 200ᵐ de largeur, et de 5ᵐ de profondeur à haute mer de vive eau, ce qui exige qu'on ait à mi-marée environ 3ᵐ,80 d'eau en moyenne dans ce chenal artificiel.

» En soumettant ces données au calcul, on trouve, en admettant la permanence du mouvement, que la vitesse moyenne sera de 0ᵐ,62 par seconde, qui dépasse 0ᵐ,03 celle qui a lieu dans les mêmes circonstances dans le bras de Roche-Maurice. On trouve d'ailleurs que la pente de superficie sera exactement la même que dans l'état de choses actuel.

» Nous concluons de ces calculs approximatifs qu'après l'exécution des travaux les choses se passeront, dans le chenal rétréci, comme elles le font à présent dans le bras de Roche-Maurice, ou en autres termes et afin d'insister sur ce résultat important : si l'on creusait artificiellement, sur la passe de Chantenay, un chenal dont la largeur fût fixée à 200ᵐ au moyen de digues, et par lequel les eaux dussent passer toutes pendant la saison d'étiage, et qu'on donnât à ce canal une profondeur moyenne telle qu'il y eût un passage de 5ᵐ de profondeur pour les grands navires, à haute mer, la vitesse moyenne et la pente de superficie seraient, dans ce canal, ce qu'elles sont aujourd'hui dans le bras de Roche-Maurice. On aurait produit une amélioration durable. »

Les faits n'ont pas complètement confirmé les prévisions de l'honorable Ingénieur à qui nous venons d'emprunter cette longue citation. Comme le dit l'auteur, la marée ne remonte pas sérieusement au-dessus de Nantes ; il en résulte qu'on ne peut obtenir qu'un approfondissement restreint dans ce port, tant qu'on n'opèrera pas la destruction du rapide de la traverse et l'abaissement de l'étiage. Celui-ci provoquerait l'approfondissement au-dessous de basse mer, en même temps qu'il correspondrait à une dénivellation plus grande des marées. — Si la dénivellation passe de 2m à 3m,50, on n'aura besoin que de 1m,50 à basse mer, au lieu de 3m, pour avoir les 5m dont il était alors question. Et cependant, l'abaissement de l'étiage étant accompagné d'un emmagasinement supplémentaire en amont, les 3m de basse mer seraient plus faciles à obtenir que dans l'ancien système. Les 6m,50 que cela donnerait (avec les 3m,50 de dénivellation) deviennent donc, en définitive, un résultat plus probable que les 5m d'autrefois ; si les moyens de 1851 produisaient ces 5m, cela prouverait que le procédé de 1869 donnera plus de 6m,50.

Le pilote major Bertrand, de Basse-Indre, nous remet le tableau des profondeurs constatées dans le chenal, en mai 1869, au-dessous de la marée moyenne de vive eau (5m,30).

« Hauts fonds, de Nantes à la fin des digues : 4m,30, Chantenay ; 3m,90, entre
» Roche-Maurice et Haute-Indre ; 4m, Indret ; 4m,10, entre Couëron et le Pellerin.
» Hauts fonds en aval des digues : 3m,80, Grande-Folie ; 3m,20, Pineau ;
» 4m,10, île Binet ; 4m,20, Pierre-Rouge ; 4m,20, queue de Carnet. »

Une reconnaissance faite par M. l'Ingénieur ordinaire, accompagné du pilote Daniel, confirme ces chiffres.

LA LOIRE MARITIME.

II.

Les Analogies.

La profondeur dont profite la navigation, dans la partie maritime d'un fleuve, se compose de deux éléments : 1° la hauteur d'eau au moment de la basse mer ; 2° la dénivellation produite par la marée.

Lorsqu'en 1851 les Ingénieurs de la Loire ont présenté le projet général de l'endiguement à faire en aval de Nantes, la profondeur au-dessous de la vive eau moyenne (marquant $5^m,30$ à l'échelle de Saint-Nazaire), a été déclarée de $3^m,40$ aux plus mauvais passages, et en effet le profil en long indique qu'il faudrait approfondir de $1^m,60$, sur le haut fond dit de Couëron, pour avoir les 5^m que l'on désirait. Un peu en aval de Trentemoult, on cote sur le même profil $1^m,50$ d'abaissement à produire ; on avait $3^m,50$ sous la haute mer de vive eau . . . . { profondeur à basse mer. . . $1^m,65$; dénivellation. . . . . $1^m,85$ }

On compte obtenir 5^m sans changer le niveau de l'étiage, c'est-à-dire qu'on aurait après l'exécution du projet { profondeur à basse mer . . . $3^m,15$; dénivellation. . . . . $1^m,85$ }

Comme nous l'avons déjà dit, l'abaissement de la basse mer accompagne dans la Clyde l'approfondissement au-dessous de l'étiage, en sorte que l'amélioration obtenue se partage entre les deux éléments qui constituent le tirant d'eau :

CLYDE.	1758	1853	MOYENS EMPLOYÉS.
Profondeur sous la basse mer, à la sortie du port de Glascow. . .	$0^m,50$	$3^m,75$	En 1770 on a commencé à rétrécir le lit au moyen d'épis; vers 1810, on s'est décidé à employer des digues longitudinales, et ce système a été continué jusqu'à nos jours. On se dispose à démolir une partie des digues pour élargir le chenal, parce qu'on a cru reconnaître « qu'il était » trop étroit pour permettre un écoulement convenable des » eaux. »
Dénivellation en vive eau. . . .	$0^m,65$	$2^m,60$	
Totaux.	$1^m,15$	$6^m,35$	
Profondeur des hauts-fonds sous la basse mer, vers la fin de la partie actuellement endiguée	$0^m,60$	$3^m,30$	Depuis le commencement du siècle, on fait chaque année des dragages considérables. De cette date à 1865, on a enlevé 8 à 9 millions de mètres cubes, soit en moyenne près de $150,000^m$ par an. Dans l'exercice 1865-1866, le volume dragué s'est élevé à $428,531^{mc}$, travaux neufs et travaux d'entretien compris.
Dénivellation en vive eau. . , .	$1^m,95$	$2^m,70$	
Totaux.	$2^m,55$	$6^m,00$	

NOTA. — Les dragages d'entretien s'appliquent surtout à la traverse de Glascow, parce que le barrage du pont d'Hutchestown est situé dans la ville même. — En dehors de la traverse, les dragages correspondent principalement à une lacune de l'endiguement (voir pages 96 et 97, et note C).

C'est naturellement vers Glascow qu'il y avait le plus de marge pour l'augmentation de la dénivellation; aussi a-t-elle été de 1m,95 à la sortie du port (1) et de 0m,75 seulement vers la fin des digues. Les abaissements d'étiage à obtenir, d'après les propositions de l'avant-projet, seraient :

A Nantes, de. 1m,45
A Paimbœuf, de. . . . 0m,53

Ces quantités sont modérées en elles-mêmes, mais elles le sont plus encore, en réalité, que la comparaison des chiffres ne l'indique au premier abord. En effet, les résultats obtenus sur la Clyde réduisent la pente de la ligne passant par les niveaux de basse mer à 1 cent. 1/2 par kilomètre, tandis que nous conservons une pente de 3 centimètres. La moyenne par kilomètre était autrefois dans la rivière de Glascow (*partie actuellement endiguée*), de 0m,085 environ; elle est aujourd'hui entre Trentemoult et Paimbœuf de 5 cent., 2. Nous réduisons donc la pente de 38 pour cent, tandis qu'on l'a réduite des quatre cinquièmes dans la Clyde, résultat que les Ingénieurs anglais n'avaient point annoncé, que nous sachions, car ils ont opéré sans grands raisonnements, pour ainsi dire d'instinct. Il n'est pas moins vrai que la constatation des faits accomplis dans la rivière de Glascow (*Annales des ponts et chaussées*, février 1869) démontre victorieusement la possibilité d'abaisser utilement l'étiage, dans certaines rivières à marées, possibilité qu'on a souvent niée jusqu'à ce jour. On doit comprendre maintenant que nous persistions à maintenir les bases du projet esquissé dans notre brochure de 1868.

Au-dessous de la partie endiguée, l'abaissement de l'étiage a varié dans la Clyde de zéro, à l'embouchure, à 0m,65 ou 0m,70 au bout des digues. La profondeur, sous le plein de vive eau, est passée de 4m à 7m. Nos prévisions comportent, pour la partie correspondante de la Loire, un abaissement de l'étiage variant depuis zéro à Saint-Nazaire jusqu'à 0m,53 à Paimbœuf.

---

(1) Dans le port même, l'abaissement de l'étiage a été de 2m,13.

Il faut remarquer que, *toutes choses égales d'ailleurs*, la profondeur augmente lorsque la pente diminue. D'où il résulte que la profondeur sous le niveau de basse mer doit augmenter en même temps que la dénivellation locale, puisque la pente moyenne en un point quelconque, pendant la durée d'un jusant, est d'autant plus petite que la ligne des basses mers se rapproche davantage de l'horizontalité.

En appliquant la formule Darcy à l'écoulement au moment de basse mer, on voit que la profondeur sous l'étiage augmente lorsque le rapport de la pente au carré de la vitesse $\left(\frac{I}{U^2}\right)$ diminue, puisque ce rapport égale $\frac{a}{H} + \frac{b}{H^2}$.

S'il s'agissait d'un cours d'eau ordinaire, l'augmentation de H entraînerait la diminution de U, *la largeur n'étant pas changée*, puisque $D = L \times H \times U$, et que l'on ne peut pas modifier la valeur du débit D correspondant à chaque état du cours d'eau, par exemple à l'étiage. Mais il n'en est plus ainsi lorsqu'on considère la partie maritime d'un fleuve, où l'on peut accroître la valeur de D (1).

Lorsqu'on provoque par des dragages l'abaissement du niveau de la basse mer, le débit du jusant augmente par suite de l'emmagasinement supplémentaire d'amont, et l'on obtient la diminution de I sans que celle de U en soit la condi-

(1) « Vers 1842, une amélioration notable a été apportée au régime de la Clyde maritime, par le déplacement du barrage établi au pont de Glascow. L'enlèvement de ce barrage, qui était élevé de 1m,20 au-dessus du niveau des basses mers, a notablement augmenté le volume d'eau introduit à chaque marée dans la partie supérieure de la rivière; les courants sont devenus plus rapides, et il en est résulté un approfondissement considérable, particulièrement dans le port de Glascow. Cet effet sera encore plus sensible, lorsque le barrage établi en amont du pont d'Hutchestown aura complètement disparu, comme le prévoit l'acte du 2 août 1858, et que le jeu des marées pourra se faire sentir plus en amont.» La distance entre le pont de Glascow et le barrage d'Hutchestown est inférieure à un kilomètre. La destruction de ce qu'on peut appeler le barrage de Nantes aura beaucoup plus d'importance.

tion. L'augmentation de H sera proportionnelle à celle de D si L et U ne changent pas.

En combinant l'équation (2) avec (1), on trouve :

$$\frac{I\,L^2}{D^2} = \frac{0{,}00028}{H^3} + \frac{0{,}00035}{H^4}$$

d'où il résulte que le maximum d'augmentation de H correspond à : la diminution de I et de L, et l'augmentation de D.

Il faut donc, dans la partie maritime d'une rivière à fond mobile : 1° abaisser l'étiage en draguant, et surtout en faisant disparaître les radiers de ponts, les pieux et enrochements provenant d'anciennes pêcheries (cas du port de Nantes), et les îles qui entravent l'écoulement (cas de la Basse-Loire) ; limiter le lit abaissé par un barrage, pour ne pas mettre en mouvement d'une manière anormale les grèves d'amont ; 2° faire disparaître les élargissements non motivés ; 3° augmenter les dénivellations locales pour accroître le débit de la marée. On revient ainsi à 1°, ce qui permet de dire que l'abaissement de l'étiage est deux fois nécessaire.

Que fait-on dans une rivière ordinaire lorsqu'on entreprend de la canaliser ? On diminue la pente courante en créant des barrages, on diminue la largeur en endiguant le lit mineur. On ne peut pas agir sur D, mais on augmente le débit par mètre courant de largeur $d = \frac{D}{L}$. En mettant le premier membre de l'équation sous la forme $\frac{I}{d^2}$, on voit que l'on fait varier dans le sens convenable les deux éléments de l'augmentation de H. Si l'on se borne à diviser en biefs on n'agit que sur I, si l'on se borne à endiguer on n'agit que sur d.

Notre méthode de transformation des rivières à marées s'approprie donc les procédés connus, en les adaptant au cas spécial, avec cette circonstance qu'au lieu de n'agir sur d que par la diminution du dénominateur L, on peut le faire aussi par l'augmentation du numérateur D. — Ainsi, par exemple, on voit de suite que le débit d'une marée sera considérablement augmenté à Nantes, Indret et Couëron, alors même que le débit pour Saint-Nazaire resterait constant.

Il ne faut pas croire que la diminution de I entraîne nécessairement celle de

$$U = \sqrt{\frac{I}{\frac{a}{H} + \frac{b}{H^2}}}$$

car l'influence d'une moindre pente peut être balancée par l'augmentation de la profondeur. Dans une rivière à fond mobile celle-ci résulte, à vitesse réglante égale, de la diminution de L (partie fluviale), de cette cause et de l'augmentation de D (partie maritime), puisque $H = \frac{D}{L\,U}$.

Si l'on examine les courbes de marées de la Gironde-Garonne, on trouve que le niveau moyen de la basse mer de vive eau est au Verdon (embouchure) de $0^m,03$ au-dessus du plan horizontal passant par le zéro de l'échelle de Bordeaux, au lieu de $0^m,51$ en ce dernier point. Pour les mortes eaux les moyennes sont : Verdon, $1^m,50$; Bordeaux, $0^m,42$. Les moyennes générales de toutes les basses mers, lorsqu'il n'y a pas de crue en rivière, sont de $0^m,77$ au Verdon et de $0^m,48$ à Bordeaux. Les crues n'ont aucune influence jusqu'à Pauillac ; elles ne relèvent le niveau de la haute mer que de $0^m,80$ au maximum à Bordeaux, et celui de la basse mer de $2^m,50$, tandis que ce dernier relèvement est de $6^m,50$ à Nantes. En son point le plus bas (entre Pauillac et le bec d'Ambès), la courbe des hauteurs moyennes des basses mers a pour cote $0^m,30$; elle descend de Bordeaux vers ce point par une pente de $\frac{3}{4}$ de centimètre par kilomètre, et monte au Verdon par une rampe un peu plus forte, qui n'atteint pas $0^m,01$. Si l'on considère l'étiage proprement dit, c'est-à-dire la plus basse mer en chaque point, on trouve qu'il correspond à une morte eau vers Bordeaux, à une vive eau vers le Verdon. La cote est $0^m,33$ au premier point, — $0^m,28$ au second, soit une pente moyenne de $\frac{2}{3}$ de centimètre par kilomètre (sur 93 kilomètres) ; mais on remarque que la pente est nulle depuis Pauillac, ce qui élève la moyenne entre Bordeaux et ce port à 1 cent. $\frac{1}{3}$ par kilomètre (sur 45 kilomètres). La nature a fait ici ce que les hommes ont réalisé sur la Clyde : une ligne des étiages sensiblement horizontale, sur une grande longueur dans les terres.

LA LOIRE MARITIME.

III.

Solution proposée.

Le chenal de la Loire maritime aura 200^{m} de largeur à l'origine, près du barrage, et 150^{m} dans le port de Nantes. Le bras de Pirmil sera fermé par les digues longitudinales actuelles complétées et régularisées.

L'abaissement de l'étiage est essentiel, notamment au point de vue de l'aménagement des crues, pour entretenir dans le port de Nantes de grandes profondeurs. On peut voir sur le profil en long que l'état du bras de la Fosse est déjà satisfaisant, jusqu'au seuil provoqué par le mauvais tracé des rives et par l'influence de l'île Lemaire. Au droit de Trentemoult, les profondeurs sont considérables et stables, bien que la largeur soit de 260^{m}, tandis qu'au-delà on trouve des hauts fonds dans des parties de 200^{m}. Ces faits s'expliquent par l'action des crues. Cette action est favorisée : pour le bras de la Fosse, par les digues qui ferment presque complètement le bras de Pirmil, jusqu'à 0,50 de crue, et, pour Trentemoult, par la réunion de toutes les eaux dans les 260^{m}, jusqu'au moment où la crue déborde par-dessus les chemins de la rive gauche. — Pour obtenir plus complètement les effets nécessaires, dans le port de Nantes, il faut abaisser le niveau de l'étiage, afin de concentrer des débits plus grands, sans exhausser les fermetures du bras de Pirmil. Le débit annuel du bras de la Fosse sera très-augmenté, parce que l'abaissement du fond dans le chenal, depuis le barrage jusqu'à Trentemoult, changera complètement la répartition. Si des raisons d'économie n'avaient pas obligé à réduire la largeur à 150^{m} dans la traverse du port, la concentration des crues, le long de la rive droite, eût été maintenue jusqu'à un niveau plus élevé qu'on ne l'indiquera ci-dessous.

Quel est le débit pour lequel la crue affectera une courbe sensiblement parallèle à la ligne des étiages nouveaux, depuis Bellevue jusqu'à Nantes ? — C'est le débit 560^{mc}, qui correspond à la crue ancienne 1^{m},26, nouvelle 2^{m},80. — La première cote est mesurée au-dessus de — 0,50 du pont de la Bourse, la seconde au-dessus de 1^{m},73 de Saint-Nazaire, c'est-à-dire respectivement au-dessus des étiages correspondants à Nantes. — Je procéderai par vérification; les données sont :

Près du barrage $D = 560$, $L = 200$, $U = 0{,}65$, vitesse moyenne correspondant à une vitesse de fond capable d'entraîner le sable en suspension (une vitesse supérieure serait affouillante, une vitesse plus petite supposerait une plus grande valeur de H). Les formules donnent :

$$H = \frac{560}{130} = 4^{m},30 \text{ et } I = 0{,}000035.$$

Au point A : $D = 560$, $L' = 150$, $U = 0{,}65$. On trouve $H' = 5{,}73$ et $I' = 0{,}000025$.

La pente moyenne est bien de 3 centimètres par kilomètre, comme pour le lieu géométrique des étiages; et la crue de 2^{m},80 (4,30 — 1,50 = 2,80; 5,73 — 2,93 = 2,80). — Les cotes de la surface au-dessus du zéro de Saint-Nazaire seront : 4,30 + 0,45 = 4^{m},75 au pied du barrage, et 5,73 — 1,20 = 4,53 au point A.

La crue actuelle de 1^{m},26, soit de 4,44 au-dessus du zéro de Saint-Nazaire au centre de Nantes, s'élève à 5^{m},81 au droit du point central des fermetures du bras de Pirmil (point 51,500) (1). Celles-ci n'étant qu'à la cote 5,04, il y a déversement dans ce bras, même en ne tenant pas compte des lacunes qui existent dans les digues. Pour l'état nouveau la cote au même point sera 1,86 + 2,80 = 4,66, c'est-à-dire que la crue ne coulera pas encore à pleins bords. Comme nous conservons les fermetures de Pirmil à leur niveau actuel, nous bornant à les compléter et à rectifier leur tracé, on voit que le bras principal écoulera la totalité des crues, jusqu'à un débit plus considérable qu'aujourd'hui.

On trouve, par des calculs analogues aux précédents, que l'écoulement à pleins bords (5^m,04) correspondra au débit 682^m, qui produit actuellement une crue de 1^m,50. Le niveau de l'étiage ancien, au milieu de l'intervalle entre les bornes 51 et 52, étant de 4,55 au-dessus du zéro de Saint-Nazaire, cette crue monte à 6,05, soit 1^m,01 au-dessus du niveau qui lui correspondrait après l'abaissement du lit. *Lorsque la Loire transformée déversera dans le bras de Pirmil, elle le fera sur une profondeur moindre, et la différence atteindra un mètre.*

Dans le port de Nantes, cette crue ne pourrait s'écouler en totalité par le bras de la Madeleine, sans produire une intumescence supplémentaire dans la partie maritime supérieure. On préviendra cet effet par le moyen d'un *déversoir-régulateur,* ménagé dans la digue longitudinale gauche, par exemple au droit du bras qui conduit aux ponts de Toussaint et des Récollets. Le déversoir sera réglé suivant une perte de 0,00003 par mètre, à la cote moyenne 4^m,60 (niveau local de la crue de 560^{mc}); sa longueur sera de 200^m, et il écoulera 82^m par seconde, lorsque le débit total sera de 682^{mc}. Le débit au point *A*,

---

(1) Quand nous parlons d'une crue de 1^m,26, il s'agit de 1^m,26 au-dessus des étiages vrais (3,18 de Saint-Nazaire pour ce qui concerne Nantes) et non au-dessus des zéros des échelles.

réduit à 600^{mc}, correspondra à la cote 4^{m},94 au-dessus du zéro de Saint-Nazaire.

La crue de 1^{m},50 (au-dessus de l'étiage actuel 3,18) correspondant à la cote 4,68 de Saint-Nazaire, on voit que dans le bras principal nous aurions un exhaussement de 0^{m},26, à la traversée de Nantes, tandis qu'au point 51,500 il y a dépression de 1,01 (5^{m},04 au lieu de 6^{m},05).

Pour les crues supérieures au débit 682, le bras de Pirmil absorbera un volume de plus en plus considérable. Les crues extraordinaires s'élèveront au point *A* à la cote 8,68 (5^{m} au-dessus du zéro de la Bourse), soit à 6,95 au-dessus du nouvel étiage du port de Nantes. La montée par rapport à celui-ci sera plus forte, mais la différence étant inférieure à celle des deux étiages, on aura en définitive 1^{m} de moins pour la hauteur absolue de la crue maxima. (Voir les *Ponts de Nantes.*)

Pour savoir si la profondeur donnée au-dessous de l'étiage sera stable, il ne suffit pas de s'assurer que les crues s'écouleront dans de bonnes conditions; il faut encore que le débit minimum, ne corresponde pas à une vitesse de fond inférieure à la limite des transports par cheminement, afin qu'il n'y ait pas impuissance à se débarrasser en été des petits apports d'amont. Le débit par seconde en *A*, pendant le jusant, se composera :

1° Du débit fluvial 100^{mc};

2° Du supplément produit par la réserve qui correspond à l'arrêt de l'écoulement par le flot;

3° Du volume produit par l'emmagasinement de celui-ci.

On trouve ainsi qu'un jour de vive eau, à basse mer, le débit sera de 230^{mc}, le fleuve étant supposé à l'étiage — 0,40 à Mauves. La vitesse de fond, 0,42, dépassera beaucoup la limite ci-dessus mentionnée. Lorsque la marée est basse en *A*, elle ne l'est pas encore au-dessus; aussi, trouve-t-on une pente de 0,037 du lieu des 0,03 par kilomètre donnés par le profil en long, qui s'applique au lieu géométrique des étiages. La vitesse à basse mer peut dépasser la vitesse moyenne du jusant, mais nous avons pris pour point de départ un état fluvial qui ne se produit pas tous les ans et n'est jamais de longue durée. Pour un débit de 200^{mc}, on arrive à une vitesse de fond de 0,40 pour le moment de mi-jusant, un jour de marée moyenne, en tenant compte du surhaussement de 0,70 à basse mer.

Immédiatement en aval de Nantes, tous les bras de la Loire se réunissent en un seul, entre Trentemoult et la Grenouillère; le Seil de Rezé ne prend sa part du débit du fleuve que pendant les crues extraordinaires, parce qu'on a bordé la rive d'un chemin vicinal et barré le Seil à son extrémité amont. Il y a là un point singulier très-remarquable, le champ d'inondation n'ayant plus que 260 mètres de largeur jusqu'à une grande hauteur de crue, tandis qu'en moyenne il est de plus d'un kilomètre depuis Briare. — Le débit maximum, qui atteint 9,000 mètres cubes au bec d'Allier, n'est que de 5,570^{m} à Nantes. L'atténuation ne résulte pas en totalité de l'action du lit majeur, tel que les digues de défense l'ont constitué, car toutes ont été rompues pendant les grandes inondations, « et » l'eau, dit M. Comoy, s'est emmagasinée sur toute la largeur de la plaine, qui » est en moyenne de trois kilomètres du bec d'Allier à Nantes. » Si les consolidations entreprises préviennent en partie les ruptures de digues, on doit donc s'attendre à Nantes à une augmentation de la hauteur des débordements. Ce point de vue ne doit pas être négligé dans l'appréciation du projet ci-joint.

On conçoit l'effet que doivent produire les crues sur le fond du fleuve, au passage de Trentemoult. L'affouillement local se maintient d'ailleurs en saison d'étiage, parce qu'en ce point on profite des emmagasinements de marée d'amont, qui sont déjà plus notables qu'au centre de Nantes (bras de Pirmil, etc.)

Les conditions que présente ce passage de Trentemoult sont mauvaises, au point de vue de l'écoulement des crues; aussi faut-il se féliciter, sous ce rapport, que l'effet en soit amoindri par la brièveté de l'étranglement. Le village dépassé, les eaux se déversent par-dessus la digue gauche, et un peu plus loin se répandent sur les prairies. Mais avec l'*abaissement de l'étiage* il est possible de retarder, en exhaussant les digues, le moment où les eaux s'extravasent, parce que le profil gagne en profondeur ce qu'il perd en largeur dans la période qui précède le déversement.

Il ne peut être question, pour le lit d'une rivière à fond mobile, que d'un équilibre à phases périodiques, en rapport avec le débit et la durée des crues. Dans la partie inférieure, le problème se complique encore par suite du mouvement des marées; mais c'est là une heureuse complication. La dénivellation ajoute à la profondeur, et il y a dans la rivière emmagasinement d'une force vive supplémentaire.

Lorsqu'on considère le phénomène du flot dans son ensemble, on peut distinguer les effets suivants :

1° Action affouillante de la lame sur la côte et sur le fond, lorsque le vent souffle du large, ce qui est le cas ordinaire à l'embouchure de la Loire ;

2° Apport de vases provenant du réservoir marin des troubles charriés par les crues du fleuve, et remise en suspension de vases de l'intérieur ;

3° Usure des grains de sable, remise en suspension ;

4° Atténuation, puis destruction des vitesses du jusant, et débit vers l'amont ;

5° Retour du volume entré, réuni à la réserve des eaux supérieures.

La force vive introduite dans le chenal est employée en partie à monter de l'eau, et le nouveau régime l'obligera à faire un plus grand travail de ce genre, comme on peut s'en convaincre en comparant les courbes longitudinales anciennes et nouvelles (1). L'économie sur les pertes de force produite par

(1) Le débit du jusant par le bras de la grande navigation sera considérablement augmenté. — A Paimbœuf et au-dessous, on aura en outre le produit supplémentaire de l'emmagasinement dans le bras du Sud. — La destruction du barrage de Carnet ajoutera plus à ce volume, par son effet immédiat sur la partie inférieure, que ne pourraient en retrancher des atterrissements vers l'amont du réservoir, où les bras ont beaucoup moins de largeur.

les travaux étant employée, partie de la sorte, partie à user des sables et à les remettre en suspension, la descente de ceux-ci serait d'autant plus facile que le jusant agirait dans un chenal plus régulier. Il ne faut pas s'étonner que le volume total introduit puisse s'accroître; le débit du flot, par le profil de Saint-Nazaire, n'est pas seulement fonction de la courbe locale des marées, de la largeur et de la profondeur à l'embouchure, mais aussi de la propagation plus ou moins facile dans l'intérieur.

La vitesse du courant de flot est sensiblement nulle à Trentemoult, en morte eau, et n'atteint que 1^m, $1^m,25$ au plus en vive eau d'étiage, à la superficie. — On voit qu'aujourd'hui le petit emmagasinement de marée qui se produit au-dessus, pendant les quartiers, n'est en réalité qu'un arrêt d'écoulement; cela n'est pas sans utilité, parce qu'il vaut mieux dépasser certaine limite durant quelques heures, qu'agir d'une manière continue dans les conditions de l'impuissance. Les débits d'étiage, qui correspondent encore à de petits cheminements de sable dans la partie fluviale, seraient incompatibles avec la largeur et la profondeur du fleuve à Trentemoult, si le phénomène des marées n'intervenait pas; il y aurait certaine hauteur de petite crue, suffisante pour rendre appréciable le débit de la Loire en sable, qui ne suffirait plus pour donner au courant la force nécessaire au passage de Trentemoult, la présence des digues d'amont empêchant d'ailleurs les matières solides de se cantonner dans le bras de Pirmil. — Il n'est pas douteux qu'en vive eau il n'y ait un peu de sable retroussé vers l'amont, lorsque les eaux sont basses en Loire; mais l'effet contraire domine aussitôt que le fleuve est au-dessus de l'extrême étiage. — Pour bien faire les rapprochements relatifs aux débits de sable, il ne faut pas comparer brutalement les $\int m\, v^2$ de chaque sens; mais éliminer les parties qui correspondent à des vitesses d'arrêt, pour ne sommer que les surplus. Parfois il ne resterait rien de la somme concernant le profil en travers de Trentemoult, si l'influence de la marée de morte eau ne changeait pas la répartition du débit dans le temps. — S'il s'agit d'une vive eau on se trouve, pendant les deux heures de flot, en présence de vitesses maxima de surface variant de 0 à $1^m,25$, et passant graduellement d'une limite à l'autre; il y aurait environ une heure et demie à comprendre dans l'intégrale. Les vitesses du jusant varient de 0 à 0,75, mais elles correspondent pendant sept heures à des vitesses de fond dépassant la limite d'équilibre des sables. Sans nier l'importance prépondérante des vitesses de 1^m, on voit que si l'action du flot l'emporte quelquefois ce n'est pas de beaucoup, et ce résultat est finalement sans importance, car il ne peut s'appliquer chaque année qu'au petit nombre de jours où les eaux sont au plus bas.

En franchissant Trentemoult, le flot porte dans le bras de Pirmil une partie des sables qu'il a pu mettre en mouvement; ils ne sont repris généralement qu'en temps de crue. Mais le bras de la Fosse, en partie dégagé des apports d'aval, écoule mieux les matières reçues d'amont.— Plus bas dans la rivière, le phénomène se complique de l'introduction des vases apportées en suspension par le flot, et déposées principalement dans les faux bras ou réservoirs. Il serait utile de remettre les vases en suspension pendant les grandes crues, partout où celles-ci n'ont pas assez d'action. De petites vitesses suffisent toujours pour emporter les vases, mais des vitesses notables sont parfois impuissantes à les reprendre dans les amas existants.

Au débouché d'un réservoir de chasse (disons simplement un réservoir de marée, car nous ne proposons pas de fermer l'aval au moment du plein) on peut admettre un élargissement du chenal; mais l'élargissement serait trop considérable à Trentemoult, au débouché du réservoir de Pirmil, sans l'effet des crues. — Le rétrécissement qui suit est quelque chose de très-anormal. Considéré comme lit mineur, le profil de Trentemoult est trop large, comme lit majeur il est trop étroit; mais en aval cette sorte de compensation n'existe plus. Ainsi la largeur, au droit de la seconde digue du canal de Chantenay, est encore de 230^m, sans que les crues soient concentrées plus longtemps dans le chenal qu'un peu plus bas, où l'on n'a que 200^m, puis 140^m seulement au droit de Roche-Maurice.

C'est à Trentemoult et à Roche-Maurice, c'est-à-dire aux points de plus grand et de plus petit écartement des rives, que l'on trouve les profondeurs maxima, parce que les crues y ont un débit maximum par mètre courant de largeur. Pour améliorer la partie intermédiaire, il faut contenir les crues dans le bras navigable, en réglant la digue gauche de manière que les débits soient proportionnels aux largeurs, au moment où le déversement commence à la sortie de Trentemoult.

Il est bien entendu que l'ouverture qui existe au milieu de la digue gauche sera fermée, sauf à la pourvoir d'une écluse si des besoins locaux justifient cette dépense. L'expérience a prouvé que les entrées ménagées vers l'amont des réservoirs sont nuisibles, parce qu'elles déterminent des courants transversaux.

Le principe des variations graduelles doit être appliqué aux largeurs d'une rivière à marée comme ailleurs; on se raccordera donc aux rivages, dans le fond de la baie de Paimbœuf. C'est fort arbitrairement qu'on ne donnait que 750^{m} au bras navigable, à l'extrémité des digues, dans le projet de 1851, pour tomber brusquement dans une largeur de 2,000^{m} à l'autre bout de l'île Pipy. Le débit du jusant, à partir de la cote 3^{m},32 du barrage du Carnet *(qu'on ne proposait pas de démolir)*, eût été à peu près le même dans ces 2,000^{m} que dans les 750. On tenait les digues très basses, mais cela n'eut rien changé à la disproportion signalée; il y aurait même eu, pendant une certaine phase du jusant, dérivation du bras navigable vers le nord de Pipy. L'emmagasinement de la marée au-dessus de chaque point étant fonction de la distance au barrage de Bellevue, la diminution des largeurs, en marchant vers l'amont, sera conforme à la nature des choses.

Il serait difficile de soutenir l'inadmissibilité de nos trois centimètres de pente par kilomètre de lieu géométrique des étiages, au point de vue de l'évolution régulière de la marée, lorsqu'on ne trouve même pas ces trois centimètres dans la Garonne et dans la Clyde. Mais on fera des objections basées sur la diminution prétendue des vitesses, sur le moins facile transport des sables (fournis en plus grande abondance par la Loire que par la Garonne). — Si, dans la partie fluviale d'une rivière à fond mobile, on diminuait la pente au moyen de barrages fixes, le niveau moyen du fond s'exhausserait ; la résistance à l'entraînement des sables réglant la vitesse, H tendrait à revenir à sa valeur $\frac{D}{L.U}$ pour chaque débit D, et, par suite, I à la sienne (par relèvement général du plan d'eau, en rapport avec celui du fond). C'est pour cela que les barrages mobiles sont seuls admissibles sur une pareille rivière, et à la condition de ne rester levés qu'au voisinage de l'étiage. Mais la diminution des pentes dans la partie maritime de la Loire, diminution qui résultera de l'abaissement du fond, aura pour première conséquence l'augmentation de D, ce qui permet à la profondeur moyenne de rester plus grande en dehors même de l'influence de la diminution de L. Cette dernière influence sera d'ailleurs très-considérable par suite de la concentration des débits dans un bras unique (sauf le cas de grande crue), ce qui correspond à une énorme diminution de la largeur.

Dans les formules $H = \frac{D}{L.U}$, $I = U^2 \times \left(\frac{a}{H} + \frac{b}{H^2}\right)$, on lit ce qui suit :

1° Si un débit constant D régnait *dans une rivière à fond mobile*, la profondeur moyenne, dans chaque profil en travers, serait en raison inverse de la largeur.

2° Cette première valeur de D ayant réglé la pente en chaque point de manière qu'elle satisfît à la seconde équation (U donné par la résistance du fond, H par l'équation précédente), le doublement de D provoquera des entraînements de sable jusqu'à rétablissement de l'ancien U ; la profondeur H serait alors doublée, ce qui aurait pour conséquence une considérable diminution de I.

Si l'on fait $H = 3^m$ et $H = 6^m$ dans $I = U^2 \times \left(\frac{0{,}00028}{H} + \frac{0{,}00035}{H^2}\right)$, on trouve : $I = 0{,}000132 \times U^2$, et $I = 0{,}000057 \times U^2$.

La vitesse $\frac{D}{L} \times \frac{1}{H}$ reste la même, malgré le doublement de H, si le débit par mètre courant de largeur est doublé. — Il y a donc parfaite concordance entre l'augmentation de la profondeur et la diminution de la pente, dans la partie maritime d'une rivière à fond mobile, puisque la moindre valeur de I correspond à un plus grand emmagasinement par mètre de largeur, ce qui rétablit la vitesse nécessaire pour l'entraînement des sables, et assure par conséquent la stabilité du nouvel état de choses. Le principe est aussi clair que les détails sont compliqués. On trouvera ci-après les développements nécessaires; mais il était bon de placer ici un résumé qui pût frapper tous les esprits.

La réduction à moitié de la pente moyenne pendant le jusant permettrait, les vitesses restant ce qu'elles sont, de poser l'équation :

$$\frac{0{,}00028}{H} + \frac{0.00035}{H^2} = \frac{0{,}00056}{H'} + \frac{0{,}00070}{H'^2}.$$

S'il s'agit de profondeurs un peu considérables, on peut écrire approximativement :

$$0{,}00028 \times H' = 0{,}00056 \times H, \text{ ou } H' \text{(nouvelle profondeur)} = 2\,H.$$

La profondeur *moyenne* actuelle étant de $3^m{,}40$ au-dessous de mi-marée, dans la Basse-Loire, la nouvelle moyenne serait de $6^m{,}80$, et la régularité du tracé assurerait l'existence de cette profondeur en chaque point du fleuve. — Mais il est essentiel de ne pas perdre de vue la condition d'un pareil résultat :

$$H' = 2\,H = \frac{2\,D}{L\,U} = \frac{D'}{L'\,U} \text{ ou } \frac{D'}{L'} = d' = 2\,\frac{D}{L} = 2\,d.$$

Cette condition fait ressortir à la fois l'importance de l'abaissement de l'étiage et celle de l'endiguement. — Nous ne prétendons pas, d'ailleurs, arriver à un pareil résultat, qui dépasserait complètement notre programme, car $6^m{,}80$ au-dessous de mi-marée correspondraient à une profondeur de plus de 8^m sous le plein de vive eau. — La valeur de d' étant au minimum de $\frac{4}{3}d$, nous aurions pour la profondeur à mi-marée: $H' = \frac{4}{3}H = \frac{4}{3} \times 3{,}40 = 4{,}53$, et comme la demi-dénivellation $= 2^m{,}24$ au point de plus petite augmentation de *d*, cela nous conduirait finalement à une profondeur de $6^m,77$ en vive eau, avec des vitesses égales à celles d'aujourd'hui. — Remarquons que I' est égal à I au commencement du jusant; pour qu'en moyenne il soit égal aux $\frac{3}{4}$ ($IH = I'H'$ en faisant la même simplification que ci-dessus), il faut qu'à basse mer $I' = \frac{I}{2}$. Cela concorde bien avec la réduction de $1^m,45$, sur 3^m, dans la différence totale des étiages à Nantes et à Saint-Nazaire.

LA LOIRE MARITIME.

IV.

Les Sables et les Vases.

Les mouvements des sables, dont nous avons déjà dit quelques mots, pages 16 et 17, sont des phénomènes très-complexes. Chaque grain de la surface reçoit un grand nombre de chocs, dans un temps très-court, puisque des molécules liquides viennent continuellement frapper le fond; les chocs et les frottements des sables entr'eux sont une complication de plus. Une molécule liquide tombe de la Maine à Mauves de 12^m de hauteur, mais elle le fait à la façon d'un corps lancé sur un plan incliné, avec une vitesse initiale oblique à ce plan, et qui descend par bonds; il pourra bien n'arriver au bas du plan qu'avec une vitesse égale à la vitesse de départ, les chocs et la résistance du milieu lui ayant fait perdre l'accélération qui, sans cela, fût résultée de l'action de la pesanteur. Si le plan est recouvert d'une couche de poussières, un courant d'air s'établira derrière notre corps et entraînera une partie de ces poussières à sa suite, au moment où il se relève après un choc. Il y a quelque chose d'analogue dans l'effet de la molécule liquide qui rebondit après avoir frappé le fond d'une rivière tapissée de sable; certaines molécules d'eau emprisonnées entre les grains suivent le mouvement et entraînent des sables avec elles, en même temps que ceux-ci reçoivent directement une certaine quantité de force vive, qui produit sur les molécules avoisinantes des actions suivies de réactions variées. Comme les molécules liquides et solides sont en nombre indéfini, que les actions réciproques se combinent, on conçoit la complication sans pouvoir l'exposer dans ses détails.

La chûte des liquides donne lieu à de grandes pertes de force vive par le frottement sur les corps extérieurs et par les actions moléculaires. L'arrêt relatif des couches inférieures, conséquence du frottement sur le fond, engendre le roulement des molécules les unes sur les autres, et c'est surtout dans ce roulement que se détruit l'accélération que produirait la pesanteur. Les résistances s'accroissant avec la vitesse, celle-ci ne varie pas dans des limites très-étendues ; lorsque le lit est mobile, il y a sous ce rapport intervention d'un nouvel élément de fixité. Considérons trois rivières à tracé régulier, ayant même pente, débitant le même volume d'eau d par mètre courant de largeur. Les deux premières sont à fond fixe ; dans la première celui-ci est lisse, dans l'autre rugueux ; le fond de la troisième est tapissé de sables mobiles sur une grande profondeur. Les conditions de l'écoulement seront immédiatement déterminables pour les deux premiers cas ; on aura :

$$\frac{HI}{U^2} = 0{,}00015 + \frac{0{,}0000045}{H}, \; d = HU,$$

$$\text{et } \frac{HI}{U^2} = 0{,}00024 + \frac{0{,}00006}{H}, \; d = HU,$$

qui donneront U et H. Soit par exemple $d = 1$ et $I = 0{,}00016$: 1er cas $H = I$ et $U = 1$; 2e cas, $H = 1{,}20$ et $U = 0{,}83$.

Mais pour le 3e cas le débit d sera accompagné d'un transport de sable, si la pente initiale dépasse une certaine limite. En supposant que ce sable ne soit pas renouvelé par des apports d'amont, une diminution de I se produira. Les véritables inconnues ne sont plus U et H, mais I et H, U étant une vitesse en rapport avec la difficulté des transports de sable et vers laquelle on tendra. La diminution de I provoquera une chûte à l'origine amont, si d est donné par un déversoir à hauteur fixe. On voit que la mobilité du fond arrivera finalement, dans le cas supposé, à réduire la vitesse et à augmenter la profondeur. — Lorsqu'il n'y a pas de débit de matières solides, le phénomène est toujours très-simple : il faut alors, ***au point de vue de la navigation,*** que la nature du fond soit retardatrice (pertes de travail, obligation de cheminer avec une vitesse modérée). Une réduction de vitesse augmente le temps employé par chaque molécule d'eau au parcours total ; il y a un nombre plus considérable de molécules dans le profil en travers pour le débit *d,* et par conséquent la profondeur est plus grande à largeur égale.

On lit à la page 342 des Annales, 1833, 1er semestre : « La Lys est facilement » navigable sur 17 lieues de longueur et sans le secours des barrages, bien » qu'elle ait une pente de 50 à 60 centimètres par kilomètre, avec laquelle elle » n'aurait point assez d'eau s'il ne croissait dans son lit des herbes qu'il est » rigoureusement défendu de couper. Ces herbes, en formant par leurs dente- » lures un périmètre mouillé d'un très-grand développement, diminuent beaucoup » la vitesse et permettent aux bateaux de remonter assez facilement le courant, » tandis que sur le Rhône, où la pente n'est pas beaucoup plus forte ($I = 0,0007$, » $U = 1,46$ à Arles, et 2,60 à Beaucaire), ils ne peuvent remonter qu'à l'aide » de 30 à 40 chevaux par train de deux ou trois bateaux. » — Des barrages sont une autre manière de faire des pertes de travail, la plus grande partie de celui-ci se trouvant dépensée dans des chûtes où l'eau s'échauffe et échauffe les enrochements sur lesquels elle tombe. L'allongement du tracé conduit au même résultat, à la diminution de la chûte par mètre courant de rivière, et par suite à l'impossibilité d'une vitesse aussi grande, puisqu'on ne peut dépenser en actions moléculaires plus que le $P.I$ disponible par chaque mètre courant.

La diminution de longueur d'une rivière, primitivement contournée, produit un effet contraire, mais il y a complication si les fonds ou les berges sont affouillables. « Dans une partie du cours de l'Oise, au-dessus de Compiègne, où la rivière formait plusieurs contours, on crut avantageux de la redresser (avantageux *pour le prompt écoulement* des eaux, oui, si les berges avaient été consolidées), mais en peu de temps il s'est formé de nouvelles sinuosités. Le développement ayant été mesuré s'est trouvé égal au précédent (anciens cours de l'Ecole des Ponts et Chaussées; navigation, 2e leçon). »

Dans une rivière à fond mobile, à largeur uniforme et tracé rectiligne, $P I$ sera le même pour chaque mètre courant et le transport du sable se fera dans des conditions identiques sur tous les points; si l'on allonge alors le tracé au moyen de courbes, I diminuera comme valeur moyenne, d'autant plus qu'une partie de la chûte sera neutralisée par la force centrifuge; il y aura moins de travail disponible pour les actions moléculaires ordinaires et pour le transport du sable. L'ancien régime correspondait à un débit de sable égal aux apports d'amont, U était réglé par la résistance du fond, H et I satisfaisaient aux équations :

$$\frac{H\ I}{U^2} = 0{,}00028 + \frac{0{,}00035}{H}, \quad \text{et } D = H\ U,$$

comme on l'a expliqué ailleurs. Malgré l'allongement du cours d'eau, la mobilité du fond ramènerait forcément le retour de U à son ancienne valeur; la même chose aurait alors lieu pour H (seconde équation), et pour I (première équation). Cela résulterait d'un relèvement du fond et du plan d'eau. La diminution du travail disponible réduit d'abord U à une valeur moindre, et par suite provoque l'encombrement du lit jusqu'à rétablissement de l'ancienne vitesse d'équilibre. — Voilà donc un cas, celui d'un débit constant qui a eu le temps d'établir son régime (cas différent du premier exemple, où la pente était d'abord supérieure à celle du régime permanent), où la mobilité du fond rendrait illusoire la diminution de la pente par mètre courant, qu'on aurait provoquée pour augmenter la profondeur. Il n'est pas difficile de tirer de là cette conséquence : qu'il ne faut pas établir de barrages fixes sur les rivières à fond de sable, et que les barrages mobiles n'y peuvent rester debout que pendant les très-faibles débits. La variation continuelle de ceux-ci est d'ailleurs une cause de grandes complications, comme on l'a vu dans les chapitres spécialement consacrés à la Loire fluviale; mais on conçoit que les inégalités arbitraires des largeurs, si fréquentes sur ce fleuve, ne peuvent qu'engendrer un désordre illimité. Sachant que les déclivités superficielles varient de 1 centimètre à 44 centimètres, entre la Maine et Mauves, on peut assurer que les hommes n'ont rien fait de sérieux pour améliorer le fleuve.

Il est impossible d'éviter des déplacements inégaux de sable pendant les crues débordées; cela se comprend, parce que les points de rencontre des courants extravasés avec le lit mineur donnent forcément lieu à des affouillements extraordinaires; mais on peut disposer les choses de telle manière que le désordre soit annulé, après la rentrée de la rivière dans son lit; il faut pour cela remplir des conditions dont on n'a réalisé nulle part, en Loire, la plus grossière approximation. Comment a-t-on pu dire que l'épreuve de l'endiguement est faite sur ce fleuve? Ce que nous savons du mouvement des sables suffirait, au besoin, pour démontrer que l'insuccès des travaux anciennement faits (voir le plan de la page 42) ne prouve absolument rien.

L'étude des mouvements des sables et des vases étant d'une extrême importance, nous allons la reprendre en entrant dans les détails, et en comprenant l'embouchure du fleuve dans nos recherches.

Les faits constatés dans le bassin de la Loire conduisent aux déductions suivantes :

1° Les débris transportés par les torrents des terrains montagneux s'arrêtent, en presque totalité, dans des cônes de déjection allongés, au débouché dans les plaines;

2° Les sables transportés par la Loire proviennent principalement des berges du fleuve et de celles de l'Allier. Une certaine fraction du volume des éboulements se retrouve dans les atterrissements qui se forment à petite distance. Le reste se compose de vase (dont une partie s'écoule à la mer et une partie s'arrête en route), de graviers et de sable. Au moyen de profils relevés sur le terrain, on a calculé le total des éboulements et celui des atterrissements ci-dessus; des expériences ont permis de faire le partage en sable et vase, et finalement on trouve que le volume ajouté chaque année aux sables en circulation est quelque chose comme un million de mètres cubes ;

3° Le volume des sables et graviers enlevé par les riverains, pour les besoins des constructions, pour l'entretien des routes, etc., est annuellement de 600,000^{mc}.

Nous concluons de là qu'il arrive à Nantes, *année moyenne,* 400,000^{mc} de sable, en adoptant le seul résultat qui, à notre connaissance, repose sur des données sérieuses. Puisque les existences en sable ne varient pas d'une manière appréciable dans les parages d'Orléans, Tours, Ancenis, la partie fluviale de la Loire se débarrasse, *année moyenne,* du million de mètres cubes qu'elle reçoit, savoir : 600,000^{m} appliqués aux besoins des riverains, et 400,000^{m} écoulés à la partie maritime. Une civilisation plus intense suffirait pour débarrasser la Loire maritime des 400,000^{m} formant la fâcheuse balance qui lui incombe, car des populations plus denses et plus riches bâtiraient davantage, sableraient une plus grande surface de jardins, etc., etc.

Le mouvement des sables de la Loire a été étudié par M. l'ingénieur Sainjon avec beaucoup de soin, et nous recommandons à l'attention les passages suivants de l'un de ses mémoires :

« Le tableau qui résume les observations faites sur la marche des grèves, du 1er août au 31 octobre 1862, fait ressortir leur déplacement moyen en 24 heures, par comparaison avec les vitesses correspondantes, par minute, du courant à la surface.

» On peut, en prenant des moyennes, grouper les observations de la manière suivante :

Vitesse du courant par minute à la surface.		Déplacement de la tête de la grève en 24 heures...........	
	35,20		2,62
	44,50		5,09
	50,60		6,32
	60,80		10,20

» Si l'on appelle D le déplacement de la grève et V la vitesse à la surface du courant par minute, on trouve que la relation empirique :

$$D = 0{,}0031 \times (V^2 - 400)$$

rend assez bien compte de ce qui se passe. Voici en effet ce qu'elle donne :

Déplacements constatés par l'observation..	Déplacements calculés par la formule......	Différences.....
2,62	2,60	— 0,02
5,09	4,90	— 0,19
6,32	6,59	+ 0,27
10,20	10,22	+ 0,02

» Si la formule est bonne, on doit avoir $D = 0$ pour $V^2 = 400$ ou $V = 20^m$. Cette vitesse au-dessous de laquelle les grèves ne marchent plus, correspond à une vitesse superficielle de 0,33 par seconde, résultat qui paraît acceptable. *La formule ne peut plus s'appliquer au cas où, la vitesse du courant devenant suffisamment grande, les grèves disparaissent complètement* (¹).

» Si l'on veut ramener les vitesses de déplacement des grèves et du courant à l'unité généralement adoptée, la seconde, la formule ci-dessus devient, en désignant par D et V les nouvelles vitesses :

$$D = 0{,}0013 \times (V^2 - 0{,}11)$$

» Il est à remarquer que la formule est indépendante de la hauteur de l'eau en aval de la grève.

» Il paraît, d'après cela, que le plus ou moins de profondeur de la mouille qui existe en aval des grèves qui se prêtent le mieux aux observations, n'a pas une bien grande influence sur leur vitesse de déplacement. »

Voici maintenant quelques extraits d'un rapport de M. Watier, d'autant plus intéressants pour nous qu'ils se rapportent au mouvement des sables dans la Loire maritime (²) :

(¹) Voir page 27.

(²) Nous ne pouvons nous dispenser de remercier ici M. Watier de l'empressement qu'il a mis à nous communiquer tous ses documents, sans se demander si l'on pourrait y trouver des arguments contre ses propres opinions. L'honorable Ingénieur en chef du département de la Loire-Inférieure ne s'est préoccupé que

« .... Les effets de la crue de 1866 sont à peu près nuls dans leur ensemble. Les parties les plus élevées du chenal ont été un peu déplacées, mais n'ont subi aucun approfondissement. On constate au contraire quelques changements regrettables, mais ils sont peu importants, et *je regarde comme une chose heureuse que la crue n'ait pas aggravé plus profondément l'état de choses antérieur.*

» Dans le port de Nantes, la barre qui existe en tout temps en amont de l'île Lemaire, au point de bifurcation des deux bras, s'est exhaussée très-notablement et gêne d'une manière fâcheuse les mouvements du port. J'espère que le jeu ordinaire des courants dérasera prochainement cet obstacle.

» La passe [1] de Chantenay, qui est due à la bifurcation du lit du fleuve, est peut-être la seule qui ait été un peu améliorée par la crue. Elle offre un tirant d'eau de 4m,40 au minimum au-dessous du plan des petites marées de *vive eau*. Antérieurement à la crue on trouvait le même mouillage minimum, mais les autres parties de la passe étaient un peu moins profondes qu'actuellement.

» *Passe d'Indret.* — .... La dernière crue a bouleversé la passe, et l'on trouve actuellement plusieurs sillons de sable sur lesquels il ne reste que 3m,40 à 3m,50.... *Le faux bras de Boiseau, dont l'embouchure est située justement en face de la passe, provoquera probablement sans cesse des dépôts de sable pendant les crues.*

» *Le passage où la navigation rencontre le moins de profondeur est*

---

de nous aider dans nos études, se réservant de nous appuyer ou de nous combattre ultérieurement, suivant que nous serions plus ou moins heureux dans nos efforts pour le convaincre. Nous voudrions pouvoir louer comme elle le mérite une conduite si libérale, si conforme aux intérêts de la science.

[1] On désigne ainsi les points où il est le plus difficile de passer. Dans la Basse-Loire, *passe* est synonyme de *barre*.

celui de Couëron au Pellerin. La crue a bouleversé les sables et semble en avoir laissé après elle plus qu'elle n'en a emporté. On trouve en plusieurs endroits des sillons où IL NE RESTE QUE 3m,20 A 3m,50 DE PROFONDEUR SOUS LE PLAN DE VIVE EAU.

» La passe de la Petite-Folie est située immédiatement à la sortie des digues. Avant la crue elle se dirigeait obliquement du nord au sud et présentait une belle profondeur. La crue a repoussé vers l'aval le banc contre lequel elle s'appuyait du côté droit, de sorte qu'actuellement elle se dirige encore du nord au sud, mais dans une direction presque transversale au lit du fleuve. La profondeur est restée à peu près ce qu'elle était, mais la navigation est devenue très-difficile à cause de la nouvelle direction qu'elle est forcée de parcourir.

» Le grand bras du fleuve, en aval du chenal endigué, s'est considérablement ensablé depuis l'exécution des digues. La dernière crue semble avoir augmenté plutôt que diminué le volume de l'attérissement; mais on ne peut rien affirmer à cet égard. En tous cas, l'effet qu'elle a produit est peu considérable. »

Je note dans ce rapport : 1° la mauvaise influence de l'île Lemaire sur la partie du port de Nantes située au-dessus d'elle ; 2° le mauvais effet produit par la bifurcation du fleuve en aval de Trentemoult ; 3° l'importance que prend, au point de vue de l'exhaussement du lit, le faux bras de Boiseau, bien que son seuil soit élevé et sa largeur très-petite [1]; 4° l'existence d'un seuil à 3m,20

---

[1] Tous ces orifices font que la Basse-Loire n'est pas réellement endiguée; celui qui existe nécessairement à l'aval de chaque réservoir latéral est seul à conserver. La présence d'un orifice supérieur détermine des succions transversales qui jettent le trouble dans l'ensemble de l'écoulement. Il faut adopter ce que les Architectes appellent *un parti franc.* — On pourra d'ailleurs assurer des communications directes, par l'amont des réservoirs, au moyen d'écluses.

sous la vive eau, entre Couëron et le Pellerin (1); 5° des désordres à l'extrémité des digues (2).

D'autres désordres existent plus en aval; l'ouvrage qui les occasionne est le résultat d'une inspiration bien malheureuse. Nous voulons parler du barrage établi entre les îles du Carnet et de la Maréchale vers **1848**. La Commission d'enquête de **1851**, présidée par M. Jurien, capitaine de vaisseau, fait à ce sujet les observations suivantes : « Des ensablements s'étaient produits dans le bras du Carnet; la digue (ou barrage) de la Maréchale fut établie pour les faire disparaître; le chenal s'est creusé, *mais le but principal, qui était d'approfondir la rade de Paimbœuf,* A ÉTÉ TOUT-A-FAIT MANQUÉ. A la sortie du chenal du Carnet, le courant, rongeant l'extrémité de l'île, se dirige tout-à-coup vers le nord. » — « La jonction de l'île Carnet à Belle-Isle, dit M. Bouquet de la Grye, ingénieur hydrographe de la marine, a supprimé natu-

---

(1) Cela prouve que le tracé des digues est défectueux dans ce passage. Nous proposons de nouveaux ouvrages à partir de Couëron, sans trop nous effrayer des démolitions à faire entre ce point et la Martinière, car l'expérience a prouvé que ces opérations sont assez faciles et peu coûteuses. Le travail antérieur est perdu, mais les moëllons sont employés dans les nouveaux ouvrages, et ils ne coûtent pas beaucoup plus cher que des matériaux neufs.

(2) Ces désordres s'expliquent facilement, car les digues se terminent en un point quelconque, et ne se combinent en aucune manière avec les rives de la partie non endiguée. On a été conduit à poursuivre jusque-là l'endiguement par le désir de détruire l'ancienne passe de la Martinière, la plus mauvaise de la rivière. Dans le projet de 1851, M. Watier avait divisé les travaux en deux sections, la première s'arrêtant au Pellerin; mais M. l'Ingénieur en chef proposa de prolonger cette section jusqu'à l'île Thérèse, conformément à la demande de la Commission d'enquête, et c'est en effet le parti qu'on adopta lors de l'exécution. (Voir l'avant-dernier paragraphe, page 52.)

rellement le chenal existant entre ces deux îles, et aidé au dépôt d'un banc considérable qui rejoint Pierre-Rouge. En amont de la digue, le dépôt se fait le long de Belle-Isle, en augmentant encore sa surface. Au nord, et par suite de la même suppression des courants de flot prenant en écharpe le seuil entre Pipy et le Petit-Carnet, ce seuil, qui n'avait que 300^{m} de large, en a aujourd'hui 2,000.... Ces alluvions, déposées si rapidement en quelques années, sont la conséquence nécessaire de la construction de la digue de Carnet, qui a supprimé jusqu'à la hauteur de 2^{m},90 les courants de flot dans une partie de la rivière.... La rade de Paimbœuf, qui constituait l'état favorable de cette époque (1821), était une rade de jusant formée par le chenal longeant l'île Carnet au nord. — 1864 : Les alluvions venant d'en haut se joignent à l'effet local produit par la digue du Carnet et produisent une modification notable. » — Favoriser le dépôt des vases marines, c'est entraver l'écoulement à la mer des sables fluviaux. Tout se tient dans les choses de la matière comme dans les autres ; la faute commise produit un ébranlement qui se répercute à l'infini.

« Les eaux de la Basse-Garonne et de la Gironde, dit M. Pairier, sont extrêmement limoneuses. La vase qu'elles tiennent en suspension provient des troubles charriés par les eaux supérieures et de l'agitation produite dans le lit par les courants, particulièrement ceux de flot. Cette seconde cause n'est pas moins puissante que la première ; les eaux sont souvent aussi chargées pendant les mois d'août et de septembre que pendant les crues. » — La quantité de vase tenue moyennement en suspension est de 23 cent millièmes en poids, le maximum observé est de 28 dix millièmes. Une partie des vases est entraînée jusqu'à la mer, comme le prouve la couleur jaunâtre des eaux à l'embouchure, dans les marées de vive eau, en temps d'étiage, et pendant les crues des rivières. La Gironde reçoit, par l'amont, les sables qu'apportent les rivières pendant les débordements, par l'aval, ceux que le flot et les lames y amènent de l'extérieur.

« L'immense volume de sable qui formait la partie corrodée de la pointe de Grave a été augmenter les bancs de la Gironde. En général, les bancs paraissent s'allonger d'amont en aval sous l'influence des courants de jusant jusqu'à Blaye, et remonter, au contraire, sous l'influence du mouvement des lames, au-dessous de ce port. » Des appareils ont été employés récemment pour étudier les mouvements des sables dans la Gironde; *on a trouvé qu'un débit de sable fin, sur les 30 ou 40 centimètres les plus rapprochés du fond, accompagne le débit d'eau.*

La quantité d'argile tenue en suspension dans la Loire, dit M. Partiot dans son mémoire sur les sables, diminue d'une manière assez régulière en descendant ce fleuve. Elle a été trouvée en moyenne de 300 grammes par mètre cube à Feurs, pendant toute la durée de la crue, et de 150 grammes à Nantes. — A l'embouchure de la Loire, on a remarqué que la vase se dépose avec beaucoup plus de facilité pendant l'été. Ce fait paraît dû à ce que les couches supérieures de l'eau sont moins agitées.... Le 3 avril 1869, des toues employées pour les forages dans la Loire, en aval de Nantes, ont été submergées pendant une tempête, en face de la Haute-Indre. Maintenues par quatre ancres, elles n'ont pas dérivé et sont restées entre deux eaux presque à la surface. La Loire étant en crue, il est resté près de 5^m d'eau entre elles et le fond, composé d'un banc de rocher dur, couvert de $0^m,10$ de rocaille. Au bout de 39 heures, on a relevé les toues, et l'on a trouvé les objets qu'elles contenaient couverts d'une couche de 5 millimètres de sable. Ce sable était généralement très-fin, mais, près des membrures, il était plus gros et renfermait des grains de 4 à 5 millimètres de diamètre minimum. — Dans les courants réguliers, l'eau transporte souvent les sables par la voie d'entraînement et de suspension. Une partie des sables arrachés du fond et poussés vers l'aval par un courant rapide doivent s'enlever au moment de leur départ.... La quantité de sable ainsi suspendue doit augmenter à mesure qu'on descend vers les couches les plus basses. Des expériences faites récemment sur la Garonne, près de son confluent avec la Dordogne, semblent confirmer ce qui précède. — Le sable de la Loire diminue de dimension en s'avançant vers l'aval, et une partie n'arrive à la mer qu'à un état de ténuité extrême, et mélangé à l'argile en suspension dans l'eau. — Les lits de la Loire supérieure et de l'Allier présentent souvent des largeurs de 600 et de 900^m, qui semblent bien plus grandes que celles qu'exige l'écoulement de leurs eaux. Mais tout tend à prouver que le lit de la Loire ne s'est pas exhaussé depuis des siècles : les roches qui affleurent le fond du fleuve, les fondations des ouvrages d'art anciens.... — Auprès de la pointe de Mindin, les courants de flot durent plus longtemps que dans la grande rade de Saint-Nazaire. Ils prédominent sur la rive sud, tandis que le jusant longe la côte de Bonne-Anse, au nord du banc des Morées. Sous son influence et celle du courant littoral, on voit les eaux jaunâtres de la Loire longer la côte au nord, se répandre le long du Morbihan, et former à l'ouest de Belle-Isle une longue traînée qui va se perdre dans les profondeurs du large. Les vents de nord-ouest refoulent souvent les eaux vers le sud, jusque dans la baie de Bourgneuf, où le calme relatif donne lieu à des attérissements.

Si l'on jette les yeux sur la carte de l'embouchure de la Loire, on est frappé de l'action destructive de la mer sur cette partie de ses rivages. Une longue suite d'écueils, au milieu desquels surgissent encore les îles d'Houat et d'Hœdick, relie les pointes du Croisic et de Quiberon, qui sont elles-mêmes devenues des presqu'îles. La vaste baie qui reçoit les eaux des rivières d'Auray et de la Vilaine paraît avoir fait partie jadis du continent. Toute la côte est, en effet, exposée aux lames de l'Océan, poussées par les vents qui prédominent dans ces parages. Les deux îles d'Houat et d'Hœdick ne doivent leur existence qu'à Belle-Isle, qui les protége. Le banc de la Banche semble être un reste d'une île calcaire qui aurait existé en face de l'embouchure de la Loire. La plupart des îles qui bordent cette côte semblent avoir été détachées du continent.

L'embouchure de la Loire a elle-même subi des modifications importantes. Entre le Pellerin et Paimbœuf, son cours est parallèle à la chaîne des coteaux qui forment le sillon de Bretagne, et à deux autres soulèvements granitiques qui s'étendent de Saint-Nazaire à Piriac et du Pouliguen au Croisic. Jadis la Loire occupait des prairies basses et des marais qui s'étendent sur la rive droite ; elle s'épanouissait sur une vaste étendue, parsemée d'îles granitiques, où se trouvent aujourd'hui les marais de Donges et la Grande-Brière. Une partie de ses eaux s'écoulait au nord par deux ou trois bras, jusqu'à la baie du Morbihan, auprès de Mesquer, en donnant à cette partie du fleuve une direction parallèle au sillon de Bretagne. Depuis, les sables ont rempli la petite baie de Mesquer ; les bras correspondants de la Loire et les marais de Donges se sont comblés de vase ; mais l'hiver, quand les pluies élèvent les eaux dans la Grande-Brière, elles se déversent encore, par leurs anciens lits, vers l'embouchure de la Vilaine.

La mer continue son œuvre. Dès qu'une anse est au nord d'une ligne menée du sud-ouest par un point saillant du littoral, elle se remplit du sable poussé par les lames. Quand le sable peut s'élever sur le talus du rivage, il est chassé par le vent et s'entasse pour former des dunes. Ainsi s'est formée la plaine située entre le Bourg-de-Batz et Guérande ; auprès de cette dernière ville, on voit des rochers qui étaient jadis battus par les flots et qui sont maintenant à 5 kilomètres de la mer.

Le Croisic et le Bourg-de-Batz étaient sur des îles qui ont été réunies entre elles par les sables provenant de la destruction de ces îles et des écueils les plus voisins. L'effet de la lame est donc d'attaquer les parties saillantes de la côte, d'en combler les anses et d'égaliser le littoral.

Les eaux de la marée et celles de la Loire, resserrées et fixées entre la pointe de Mindin et Saint-Nazaire, dans une largeur de moins de 1,900^{m}, produisent au jusant des chasses qui contre-balancent et au-delà l'effet du flot et des lames ; c'est à cette circonstance que l'on doit le niveau des basses mers dans la baie de Paimbœuf, et il ne paraît pas douteux que si l'embouchure eût offert une grande largeur, comme celle de la Seine, les puissantes vagues de l'Océan eussent refoulé les sables du fleuve et créé en amont de Saint-Nazaire un vaste réservoir, analogue à celui qui existe à l'embouchure de la Seine, sur lequel la Loire n'eût eu qu'un cheual variable et sans profondeur.

Au-delà de Saint-Nazaire, les sables rencontrent un vaste espace où la puissance du jusant n'est plus la même. Ils se déposent en abondance, à gauche, le long de la côte de Saint-Brevin ; mais, au nord, le chenal restant profond le long de la Bonne-Anse et jusqu'à la pointe de l'Eve, ils sont entraînés vers la mer. Dans la baie, entre Saint-Nazaire et les pointes de Chémoulin et de Saint-Gildas, le courant de flot prédomine au sud, tend à s'y ouvrir un passage dans les bancs vers le nord-est, et fait remonter les sables le long de la côte jusqu'à Mindin. Là le jusant s'en empare de nouveau et les entraîne en définitive vers la mer. Au sud-est du chenal se trouve le banc des Morées, qui sépare les espaces où le flot et le jusant prédominent. Les courants forment comme un remous, dans la baie, et ils y tournent dans le sens inverse des aiguilles d'une montre, tandis qu'ils tournent dans le sens de ces aiguilles à l'ouest des écueils des Charpentiers. Ces faits ont été constatés en 1864 par *M. Bouquet de la Grye*. Entre la pointe de l'Eve et celle de Saint-Gildas se trouve le haut-fond de la barre de l'embouchure. Il est entièrement composé de sable. Plus loin, parallèlement à la direction du haut-fond de la barre, il y a une seconde ligne d'écueils (la Banche, la Lambarde), *sur laquelle on ne trouve pas de sable*. Ce sont des roches calcaires essentiellement différentes des terrains granitiques de la côte, qui occupent le fond de la mer à l'ouest, sur de très-grands espaces. On doit en conclure que les sables de la barre ne viennent pas du large et que ceux de la Loire n'atteignent pas cette seconde ligne d'écueils. Le haut-fond de la barre est le point d'équilibre entre l'action de la lame et celle des courants du fleuve et de la mer. — Les sables de la Loire, après avoir franchi Saint-Nazaire, ou suivent le chenal jusqu'à la pointe de l'Eve, ou se déposent sur le banc des Morées et dans la partie sud-est de la baie. Ceux qui vont sur ce dernier point forment des dunes le long de la côte de Saint-Brevin, ou sont reportés par le flot vers Mindin, d'où le jusant les remporte. Les sables arrivés sur la barre sont enfin entraînés par le courant littoral jusque dans la baie d'Escoublac dont ils composent les dunes. Une très-petite portion de ces sables franchit la barre en suivant le fond du chenal, une autre partie est transportée dans la baie de Bourgneuf par les vents de nord-ouest; mais le fond de cette baie reçoit surtout des vases de la Loire avec le sable d'une extrême finesse qui se tient avec elle en suspension dans l'eau. — Ces observations sont entièrement confirmées par l'examen des sables de la côte.

D'après la légende des dunes : « Un jour, un vent d'ouest s'éleva, tel qu'il n'en avait jamais soufflé depuis la création du monde. Il roulait dans l'air des nuées de sable si épaisses qu'*un homme avait peine à y fourrer le bras,* et que le lendemain le bourg d'Escoublac avait disparu. » — Les choses n'ont pas marché si vite. C'est en 1779 que les habitants abandonnèrent définitivement leurs anciennes demeures ; ils dépecèrent leurs cabanes à demi enfouies, et bâtirent plus loin le bourg qu'on voit aujourd'hui.

« Il y a des embouchures, dit le géologue La Bèche, où les marées courent avec des vitesses de 1 mille 1/2 à 2 milles sur des bancs de vase sans les altérer. »

A l'embouchure d'un petit affluent de la Garonne, entre Castets et Bordeaux, on a pu observer la formation de dépôts sur le radier de l'écluse. Ces dépôts proviennent des limons de la Garonne ; ils sont d'abord très-fluents, peu à peu ils se raffermissent, s'agrégent et forment un véritable tuf très-résistant. Un an suffit pour que cette transformation s'opère; c'est une agrégation moléculaire, de l'ordre de celle qui a transformé en roches calcaires les boues et limons de la période jurassique.

Les vases se déposent surtout en été, dans la Basse-Loire, parce qu'un commencement de liaison existe entre les molécules, lorsque le calme du large modère les mouvements relatifs dans la masse des eaux. La faiblesse du débit d'amont empêche aussi le mélange intime de se refaire dans l'intérieur du fleuve, les remous et les vitesses en sens divers au commencement du flot perdant de leur importance. Enfin, le batillage n'intervient plus autant pour entraver le dépôt sur les attérissements littoraux, sur les talus des rives, et pour opérer des remises en suspension. On s'explique moins facilement qu'à égalité de hauteur de marée, la quantité de vase contenue dans chaque mètre cube soit plus faible en hiver qu'en été ; mais le fait est certain. — Les eaux de la Loire ne sont jamais saturées de vase ; les masses que l'on remettrait en suspension pendant le jusant, au moyen d'agitateurs mécaniques, auraient un écoulement assuré. On réussirait surtout pendant les crues, dans les parties voisines de l'embouchure, les vases pouvant plus facilement gagner la pleine mer avant le flot suivant.

« Dans les formations limoneuses, un effet d'adhérence se produit au contact des particules ; cette action est d'autant plus énergique que les molécules supportent une plus forte pression, d'où résulte une résistance très-grande sur les parois latérales dont chaque particule est soumise à la pression des couches supérieures. Les talus sont d'autant plus raides sur les berges que l'adhérence est plus prononcée, l'état limoneux plus caractérisé. Telles sont, à la limite, les berges presque perpendiculaires, parfois en surplomb, qui constituent les bords de la Charente et de toutes les rivières coulant dans des sols vaseux et tourbeux. Les matières organiques mélangées ont la propriété de développer cette action d'adhérence. — Certaines prétendues données d'expérience, sur les vitesses de l'eau entraînant les vases, ne peuvent s'appliquer aux berges, dont la résistance s'accroît à mesure que les matières constituantes sont plus tenues. — Les envahissements limoneux se produisent surtout latéralement, par un rechargement graduel et une marche continue des berges. — Lorsque le rivage de la mer est soumis à l'influence prédominante des vents du large, il y a formation de dunes, qui se développent sur une grande échelle lorsqu'elles sont alimentées par l'apport voisin d'un grand fleuve. Les courants marins proprement dits, les déplacements réguliers de grandes masses d'eau, ne peuvent produire le transport des sables ; ils exercent au contraire une grande influence sur le transport et sur le dépôt des limons. Les vases du Rhône se retrouvent en mer par des profondeurs de 100^{m}, à 10 et 15 kilomètres des cordons littoraux du Delta; la dispersion doit se faire à de bien plus grandes distances encore, sur les fleuves à estuaire incessamment balayé par la puissante chasse des marées. »

M. Bouquet de la Grye s'est demandé si l'on ne pourrait pas transformer la Basse-Loire, en se bornant à des travaux annuels, consistant surtout dans la remise en suspension des vases. « Quoique ces vases soient toutes au-dessus des basses mers, et que le prix des dragages simples dût subir par là une réduction considérable, nous ne pensons pas qu'il soit nécessaire d'en arriver là, sauf pour quelques points singuliers. Ce que nous avons dit de la permanence relative des cheneaux, de l'érosion subie par le fond de la mer au dehors, de la masse énorme de vase et de sable entraînée pendant les crues, nous semble suffire pour indiquer la voie économique à suivre. — On peut confier aux cheneaux de la rivière les vases délayées des bords, sûr que l'on sera qu'en jusant, et surtout en grandes eaux, le tout sera éliminé définitivement de la rivière, sans combler la baie extérieure. Le but à poursuivre est le dévasement entier de la rivière ; il faut rendre à la mer ses anciennes limites, ses anciennes propriétés nautiques. Comme objectif, on aurait, non-seulement la possibilité de faire remonter à Nantes les bateaux de fort tonnage à chaque vive eau, mais encore la certitude d'assurer Saint-Nazaire contre les chances de l'avenir.... Je ne trouve que gain possible à revenir au libre jeu des marées, et perte presque complète pour la rivière, danger éloigné pour Saint-Nazaire à laisser le fleuve s'envaser. » M. Bouquet a fait des cubages comparatifs, desquels il résulte que la baie de Paimbœuf se dégage en aval de la tour des Brillantes, s'attérit au-dessus. De 1821 à 1853, il n'y avait pas détérioration dans cette dernière partie, parce que la construction de la digue du Carnet ne remonte qu'à 1848, mais le mal est devenu grave de 1853 à 1864. — La destruction du barrage du Carnet garantirait les abords de Paimbœuf contre de nouveaux envasements, et l'on pourrait hâter l'écoulement à la mer des vases actuellement amoncelées, en les remettant en suspension ; mais les limons ne jouant qu'un rôle de plus en plus secondaire, lorsqu'on remonte vers Nantes, le procédé de M. Bouquet n'aurait pour cette partie qu'une influence médiocre. Reconnaissons donc que la principale utilité d'une opération de ce genre consisterait, dans l'avenir, à maintenir les réservoirs latéraux au niveau convenable, si des dépôts de vase les exhaussaient (observation particulièrement applicable à la partie supérieure du grand réservoir au sud de Belle-Isle).

En rétablissant le mouvement de la marée dans le bras du Migron, en hâtant au besoin, par des moyens mécaniques, le désencombrement des parties voisines, nous aurons détruit l'un des obstacles à l'action affouillante de la lame vers l'amont de la baie de Paimbœuf. Cette action peut s'étendre plus haut encore, non-seulement dans le bras sud, mais aussi dans le grand bras navigable ; il faut tirer de la triste expérience du barrage du Carnet tout l'enseignement qu'elle comporte. Le régime franchement maritime règne jusqu'au point où la force vive de la lame se fait encore sentir ; si l'on réduit les obstacles au minimum, ce point se reculera dans les terres. Il faut donc faire disparaître toutes les entraves ; au sud le barrage, au nord le fouillis des îles (dû en partie à ces manœuvres illicites que M. Watier décrit si bien) (1). Les lames de l'Atlantique emmagasinent la

(1) Nous laissons subsister provisoirement l'île Pipy, mais il arrivera (ici comme à Glascow) que plus on aura plus on voudra avoir. Lorsque les premiers travaux auront donné à la Basse-Loire les $6^m,50$ qu'on demande aujourd'hui, on ne tardera pas à vouloir davantage ; alors le moment sera venu d'exécuter les travaux supplémentaires indiqués sur le plan, de la tour de Bouée à Paimbœuf. — Si nos espérances se réalisent, bien des améliorations pourront être payées sur le montant des économies.

force des vents [1]; elles démolissent nos rivages et amoncellent les débris à leur pied. Que dans la côte s'ouvre une large vallée, produit d'une époque géologique antérieure, qu'arrivera-t-il? Si l'embouchure, comme celle de la Loire, est orientée vers la grande houle du large, additionnée de la lame côtière, l'action sera considérable, à moins que les hommes ne dressent des obstacles. Malgré les pertes de force résultant des chocs contre les rivages intérieurs, une grande action affouillante s'exercera sur le fond; celui-ci absorbera une partie du travail moteur que les rochers de pleine côte usent à leurs dépens. — Supposons que le flot pénètre par une simple échancrure, pour écarter d'abord la complication des eaux douces; nous aurons un golfe intérieur, dans lequel l'action de la lame portera les grands fonds jusqu'à la plage sous-marine, formée de débris arrachés au sol et aux côtes latérales. Le partage du travail moteur se fera entre :

1° Les bords du golfe dont l'attaque continuera;

2° Les grèves du fond, qui seront incessamment remuées;

3° Les actions moléculaires.

Les matériaux du fond deviendront de plus en plus petits, jusqu'à entraînement en suspension par le jusant; mais les côtes latérales produiront des blocs et des graviers qui alimenteront les grèves; il y aura une sorte d'équilibre mobile, dont les variations ne seront plus que séculaires pour ainsi dire, parce que les bords du golfe seront d'autant moins attaqués que les chocs sur le fond, et les mouvements de la masse intérieure des eaux, absorberont une plus grande partie du travail.

Pénétrons maintenant dans la vallée de la Loire, où se rassemblent les eaux versées par les masses d'air saturées de vapeur que nous apporte le vent

---

(1) Il se trouve que la direction de la grande houle du large se confond, pour nos rivages, avec la résultante des vents.

d'ouest-sud-ouest, en même temps que la grande houle et la lame qui, réunies, abordent nos côtes et notre embouchure. La plage du fond du golfe tend à se former au loin dans les terres, si aucun obstacle infranchissable n'arrête l'action de la lame à petite distance de la mer; mais de la haute plaine descendent des masses de sables, produits originairement par les montagnes de l'Auvergne, repris en détail, depuis le commencement de notre période géologique, dans les vallées où les eaux de la période précédente les avaient déposés. Avec les matières d'amont arrive la force qui les meut; les eaux supérieures ne pourront-elles pas les charrier jusqu'à la pleine mer? — Il dépend de nous qu'un jour le golfe reçoive, non des eaux claires, mais des eaux chargées de limon en petite quantité, ne portant ni ne traînant de sables. Ce golfe serait très-profond, et les crues de la rivière ne tendraient qu'à le déblayer. Mais la crue réelle nous apporte de nouvelles matières solides, et la fixation des rives de la Loire supérieure et de l'Allier n'empêcherait pas que, longtemps encore, elle n'en empruntât aux masses cantonnées dans le lit.

La plage sous-marine, au fond de la baie intérieure, est donc exposée à recevoir des dépôts de sable, lorsque les crues perdent leur vitesse en s'épanouissant dans cette baie. On tend ensuite vers l'ancien état d'équilibre, mais il faudrait que le trouble momentané n'entravât pas la navigation. — Il importerait de mieux profiter de la puissance affouillante des lames pour prolonger les grandes profondeurs, et de diminuer à partir d'un certain point (graduellement, mais rapidement) les largeurs, afin que les crues ne pussent qu'abaisser la crête de la plage, tout en rechargeant le talus.

Mais il manque un trait pour que le tableau soit complet. Nous avons analysé le phénomène dans l'intérieur des terres, nous avons montré la plage et son sommet mobile, au fond de la mer intérieure; mais nous n'avons pas considéré le point initial du golfe, le passage Saint-Gildas-Chémoulin, qui, lui aussi, est un point singulier.

Au sud, au nord, la lame va battre en plein la côte, de la pointe de Saint-Gildas à Sainte-Marie, de la pointe de Pinchâteau à celle du Croisic. En face de l'embouchure la mer a fait de grandes ruines, et les débris des démolitions du large ont pu pénétrer entre Chémoulin et Saint-Gildas à une époque reculée; mais le flot arrive aujourd'hui dans la baie sans y apporter autre chose que des vases non mélangées de sable (1). La lame attaque les sables de la Loire, et abaisse la barre des Charpentiers au-dessous du niveau que lui donneraient les courants de la marée et du fleuve. Cela n'empêche pas qu'il n'y ait en amont de plus grandes profondeurs, notamment au passage de Saint-Nazaire-Mindin, où les débits de flot et de jusant sont infiniment plus considérables, *dans chaque mètre courant de largeur,* que par le travers de Chémoulin. — Le régime de la grande embouchure est la résultante des circonstances géologiques, anciennes et actuelles, combinées avec l'action du flot et du jusant, et avec celle de la lame. Vu la distance entre Chémoulin et Saint-Gildas, celle-ci y domine (lame plus forte que si la largeur était moindre, jusant plus faible); au-dessus de Saint-Nazaire, la lame directe est amortie sans être détruite, et une lame locale vient ajouter son influence.

C'est dans le bras Nord qu'on peut avoir le meilleur chenal, en profitant de la puissance affouillante de la lame. Celle-ci agit efficacement jusqu'à la tour des Brillantes, et l'effet se prolongerait en amont si, brisée par des étranglements brusques (îles, barrage du Carnet), sa

---

(1) « De tous les grands cours d'eau qui arrosent la France, la Loire est le fleuve qui possède la meilleure embouchure. » (Jurien, *Commission d'enquête,* 1851.) — L'orientation de cette embouchure, la forme et la nature des côtes voisines, garantissent la Loire contre les sables du dehors.

puissance ne s'usait en chocs, remous, rencontres de courants. — Supprimons donc les obstacles, pour arriver au prolongement des grandes profondeurs dans les terres. La crête de la plage sous-marine, reportée dans une partie de largeur réduite, sera abaissée par les crues, bien qu'en même temps le talus soit chargé de nouveaux sables, que la lame ne tardera pas à user.

Ce qu'on a dit de la solidité des vases en masse, surtout lorsqu'on leur a donné le temps de s'affermir sous des dépôts supérieurs, se remarque à chaque pas dans la Basse-Loire. Le désordre des rives, l'absence d'une police sévère, tout concourt au même résultat; des sables menus se déposent dans certains cas, mélangés aux vases; d'autres fois ils forment des couches alternées (voir les profils des forages dans les îles). Tout cela serait impossible dans le bras navigable après l'exécution du projet. — La remise en suspension joue un rôle prépondérant, dans les embouchures des fleuves, pour tout ce qui est vase ou mélange de vase et de sable fin : la lame est le remède direct; elle soulève des matières pendant le flot, et, s'il vente un peu fort, le dépôt ne se refait pas complètement à l'étale. L'époque dangereuse est celle qui suit les pleine et nouvelle lunes, parce que les alluvions qui ont pu se produire, en cas de calme, sur les platins latéraux, se trouvent à un niveau où les marées n'atteignent plus. Mais ce qui reste sur les talus ne pourrait tenir contre la lame de la rivière bien ouverte, et les rives ne s'avanceraient plus vers les cheneaux. — Si l'on réfléchit un instant à l'usure qu'éprouvent les sables depuis les lieux de mise en route ; si l'on considère qu'en peu de temps le va-et-vient de la marée produit plus de frottements que les grains n'en ont éprouvé en descendant le fleuve ; si, enfin, on se rappelle que la facilité de suspension est en raison directe du carré des dimensions (surface) et inverse de la troisième puissance (volume, poids), c'est-à-dire proportionnelle à la petitesse des particules, on comprendra que les marées, surtout les marées dégagées d'obstacles artificiels, soient le grand escamoteur des sables (1). Tout grain rencontré par elles est à l'instant mis en suspension, ou frotté contre le fond si la vitesse du moment ne comporte pas ce moyen rapide de transport. Nous ne retrouvons pas le sable de Loire dans les anses, à l'ouest de Pinchâteau; le jusant n'a la force nécessaire pour lui faire dépasser Chémoulin que s'il est aidé par le vent, et la forme de la côte amène le logement dans l'anse d'Escoublac ou dans la baie de Bourgneuf, suivant la direction de celui-ci, à moins que la ténuité ne soit arrivée au point convenable pour le transport au large. Dans ce cas, le sable fin doit se loger dans les grands fonds, en se séparant de la partie argileuse des vases lorsque la vitesse, encore suffisante pour transporter celles-ci, ne peut plus retenir les sables, même les plus menus. C'est parce que cette séparation s'opère nécessairement que la vase nous revient ensuite parfaitement désablée.

Le régime des alluvions dans le fleuve régularisé peut se résumer comme suit :

I. Descente à Nantes, Indret, le Pellerin, dans des conditions différant de celles de la Loire supérieure en ce que : 1° le transport s'effectuera dans un plus grand volume d'eau (action de la marée, augmentée par l'abaissement de l'étiage), animé de vitesses variables, comparables en moyenne à celles de la partie non maritime; 2° le débit total en temps de crue sera plus longtemps

---

(1) La bonne orientation de l'embouchure, la forme et la nature des côtes voisines (on ne saurait trop le répéter), sont des conditions qui assurent le succès des travaux projetés dans la Basse-Loire, malgré les arrivages d'amont. Le flot apporte l'usure et la mise en suspension. Les vases désablées qui l'accompagnent ne seront plus à craindre, lorsque le désordre sera banni de la rivière; tout au plus motiveraient-elles quelques frais de remise en suspension dans les réservoirs, mais ces frais ne seront obligatoires que dans la partie supérieure du réservoir du Migron.

concentré dans le bras navigable, sans autre changement brusque de largeur que celui du point singulier de Trentemoult (la partie fluviale nous offre continuellement des exemples de bien autres variations), pour lequel nous avons donné des explications spéciales.

II. Descente du Pellerin à Bouée : les crues et le flot se combinent encore, mais le troisième élément, la lame, acquiert une certaine importance. — Un fait nouveau s'introduit, c'est l'impossibilité pour l'ensablement de se maintenir indéfiniment, quelles que soient les circonstances de débit fluvial, par suite de l'action usante de la lame. L'état actuel ne prouve qu'une chose, c'est que nous nous arrangeons de manière que cette action soit annulée au-dessus de Paimbœuf.

III. De Bouée à Saint-Nazaire, les largeurs étant beaucoup plus grandes, l'importance de la lame s'accroît en proportion de la diminution des débits par mètre courant de largeur. Gardons-nous de multiplier les obstacles, d'user la force des lames ; leur action déblayante semble s'arrêter aujourd'hui aux Brillantes, mais la courbe Donges-Lavau (rive nord) est trop comparable à la courbe Donges-Saint-Nazaire pour qu'il n'y ait pas eu autrefois action analogue, sinon aussi forte, jusque bien au-dessus de Paimbœuf. — Dans toute cette section la lame pulvérisera les sables ; les courants de marée entretiendront les cheneaux (comme cela se passe déjà jusqu'aux Brillantes), lorsque toute entrave aura disparu du fond de la baie ;

IV. Saint-Nazaire à la Barre. — Cependant une partie des sables franchira la fosse de Saint-Nazaire avant pulvérisation complète, parce que les courants de marée deviennent prépondérants à ce passage rétréci, pour s'affaisser au-dessous. Après avoir filé comme une flèche dans le goulet, ces sables seront ballottés par les courants, combinés avec les lames, jusqu'à ce que l'usure soit suffisante pour permettre leur sortie.

Quelles sont les conditions les plus défavorables pour l'écoulement des sables et des vases de la Loire?

1° Le défaut de proportionnalité des débits et des largeurs, les changements brusques de celles-ci, et les déversoirs latéraux [1];

2° La présence d'îles et d'autres obstacles directs à la propagation régulière des courants.

En effet :

1° Il se forme toujours un haut fond dans le port de Nantes en amont de l'île Lemaire (M. Watier, page 78);

2° Idem en face du déversoir latéral de la queue d'Indret (page 78);

3° Idem à la suite des digues actuelles, exemple bien caractérisé de changement brusque de largeur;

4° De grandes masses d'alluvions sont déposées aux abords du barrage du Carnet (vitesses nulles pendant la première partie du flot et la dernière du jusant);

5° Enfin, parmi les autres exemples qu'on pourrait citer, mentionnons encore le haut fond de Chantenay. La largeur du chenal est moindre qu'au profil de

---

[1] Nous avons admis un déversoir latéral en amont de Nantes, à 0m,40 au-dessus de la haute mer de morte eau, parce que des raisons d'économie nous ont obligés à rétrécir le bras navigable dans la traverse. Les conséquences locales seront sans importance, parce qu'il s'agit d'un point situé au-dessus du port, et il suffira de quelques dragages d'entretien pour faire cesser tout inconvénient. — On ne rappelle ici que pour mémoire les déversoirs latéraux des réservoirs, parce qu'ils ne seront surmontés que pendant les grandes crues.

Trentemoult, mais le débit par mètre courant de largeur est plus petit pendant les crues un peu fortes, par suite du déversement dans les bras de la rive gauche. Il faut abaisser l'étiage pour mieux contenir les crues, sans trop exhausser la digue séparative du réservoir de Port-Lavigne.

Les irrégularités du tracé se remarquent partout en Loire. Tel passage est favorable à l'écoulement des sables pendant les crues notables, tel autre pendant les débits ordinaires. On voit de suite la conséquence. — Au lieu de cela, ayez un tracé rationnel, et le débit en sable sera toujours à peu près le même par deux profils voisins; on n'aura à constater que les différences provenant des grands faits généraux précédemment étudiés. — Dans une rivière à marée, les débits sont de plus en plus considérables à mesure qu'on s'avance vers l'aval, et il faut avoir égard à cette circonstance. Si on ne le fait qu'avec timidité (Seine; Loire, projet de **1851**), on tombe au bout des digues dans un changement brusque de section.

La ville de Glascow a augmenté, dans une énorme proportion, l'emmagasinement de la marée dans la Clyde (dénivellation locale accrue de **2m,13** au fond du port) (1), en draguant jusqu'à annulation presque complète de la pente du lieu géométrique des étiages. — On fait chaque année dans le port des dragages, dont une bonne part correspond aux déjections de cet immense

---

(1) Si l'on plaçait notre barrage vers l'extrémité amont du port fluvial de Nantes, au lieu de le remonter à Bellevue, on obtiendrait encore un résultat sérieux, en se résignant à des dragages annuels d'une certaine importance. Nous n'avons point voulu multiplier les combinaisons, parce que notre tâche actuelle consiste à répondre clairement à un programme précis : moyens d'obtenir 6m,50 sous la haute mer de vive eau, sans qu'il y ait à faire ensuite de grandes dépenses d'entretien. — Si les principes qui nous guident sont justes, on comprend qu'il sera facile de leur demander des solutions répondant à d'autres programmes.

centre manufacturier, et l'on ne drague ailleurs sérieusement qu'au droit d'une lacune de l'endiguement. L'ancien équilibre entre les vitesses de fond et la résistance des matières à l'entraînement s'est rétabli vers l'aval, avec une pente plus petite et une profondeur plus grande. L'augmentation de celle-ci ne correspond pas seulement à la diminution de la largeur, car la section $L.H$ s'est accrue; elle correspond aussi à l'augmentation du débit (résultat de la diminution de la pente), et finalement $U = \frac{D}{L.H}$ se retrouve à sa valeur ancienne. *Les dragages du port s'expliquent par le défaut d'éloignement du barrage d'amont,* car il résulte de ce fait que D n'a pas une grande valeur dans le port même (Voir la note C, page 22).

Le sable qui tombe dans la Loire maritime est accompagné des eaux qui le transportent; aidées par un meilleur emmagasinement du flot, celles-ci accompliront mieux qu'autrefois leur œuvre en temps ordinaire. Pendant les crues, elles entretiendront dans les parages de Nantes une grande profondeur, parce que nos dispositions les concentrent dans un bras unique de largeur modérée, jusqu'à une valeur assez forte du débit. A cette grande profondeur correspond, à vitesse égale, une petite pente (équation 1). L'augmentation du réservoir de la marée, nécessaire pour l'entretien du chenal, peut être obtenue partie par des dragages, partie par l'effet des crues, et il n'est pas déraisonnable d'espérer une forte réduction dans la dépense prévue, notamment pour la section Bellevue-Nantes. Une partie des dragages étant faite jusqu'à la mouille de Trentemoult, les crues continueraient le déblaiement.

Des vitesses suffisantes se combineront avec de plus grandes profondeurs, tantôt parce que le débit sera plus considérable (saison des basses eaux), tantôt parce qu'il sera concentré dans le bras navigable, avec une valeur de L très-inférieure à celles qu'on trouve au même moment dans la partie fluviale (temps de crue).

Le plus grand emmagasinement des marées aura pour conséquences :

1° De hâter la trituration des sables, par l'accroissement des transports dans toutes les directions;

2° De faciliter ensuite leur sortie en augmentant la puissance du jusant.

Dans la baie de Paimbœuf, une partie de la force vive des lames du dehors s'ajoute à celle des lames locales ; nos dispositions auront pour effet de porter l'action de ces forces le plus loin possible dans le fleuve.

Voir la note D : *La Lame.*

LA LOIRE MARITIME.

V.

Les Ponts et la traverse de Nantes.

La Loire se divise, à Nantes, en plusieurs bras que franchit une grande ligne de ponts pour le passage de la route impériale n° 23. Les débouchés linéaires sont :

Pont d'Aiguillon	22m,00
— Belle-Croix	73m,66
— Madeleine	107m,85
— Toussaint	16m,36
— Récollets	23m,17
— Pirmil	197m,00
Total	440m,04

Débouchés superficiels au moment de la crue de janvier 1843, supérieure à Nantes à celle de 1856 :

		OBSERVATIONS.
Pont d'Aiguillon	164m,84	Les ponts de la Belle-Croix et de Pirmil ont été reconstruits en 1862. Le débouché du premier, à la hauteur de la crue de 1843, se trouve augmenté de 192m,76, celui du second de 158m,88.
— Belle-Croix.	296m,04	
— Madeleine.	557m,78	
— Toussaint.	95m,38	
— Récollets.	148m,93	
— Pirmil.	1,046m,35	
Total.	2,309m,32	
Augmentation par suite de la reconstruction des ponts de la Belle-Croix et de Pirmil. .	351m,64	
Débouché actuel. . .	2,660m,96	

La crue de 1843 ayant débité, à Nantes, 5,570mc par seconde au moment du maximum, on voit qu'elle s'est écoulée, avec une vitesse moyenne de 2m,41 ; les ponts n'ont pu résister que grâce aux solides enrochements qui défendent leurs fondations. — La vitesse a été de 3m au pont d'Aiguillon, de 2m à la Belle-Croix, de 2m,72 à la Madeleine, de près de 4m au pont de Toussaint, de 2m au pont des Récollets, enfin de 2m,15 à Pirmil. Le grand débit relatif du pont d'Aiguillon s'explique par la succion opérée par l'Erdre.

Il est remarquable qu'on ait reconstruit les deux ponts qui fonctionnaient le mieux pendant les grandes crues (celui de la Belle-Croix totalement, celui de Pirmil en partie). Cela s'explique par des considérations étrangères à la question des inondations.

A l'exception des ponts d'Aiguillon, où la grande vitesse tenait au fait spécial que nous venons d'indiquer, et de Toussaint, ouvrage sans importance, le pont qui a le moins bien fonctionné est celui de la Madeleine. Cela n'est pas surprenant, car, pour une longueur de 160m, il n'offrait au fleuve qu'un débouché linéaire de 108m et un débouché superficiel de 558mq. On voit, par ce dernier chiffre, que la hauteur moyenne n'était que de 5^{m},17, ce qui est singulièrement faible pour une crue de 6^{m}. Ce pont, formé de piles énormes et d'*arches basses que les grandes crues ferment complètement*, est défendu par un radier général d'enrochements, qui ne laisse qu'un passage insignifiant aux eaux lorsque celles-ci sont à l'étiage.

Il résulte de ce qui précède que la reconstruction du pont de la Madeleine serait une opération bien justifiée, indépendamment de toute considération relative à la transformation de la Basse-Loire. Les nouvelles piles seraient en petit nombre, peu épaisses, et les fondations établies de manière qu'on n'eut pas à les défendre par des enrochements.

Ce programme, facile à justifier dans tous les cas, puisque le meilleur moyen de défendre une ville consiste à abaisser le niveau des inondations, devient obligatoire dans l'hypothèse de notre projet. Les ponts d'Aiguillon et de la Belle-Croix étant enfermés dans le bassin à flot, il faut retrouver ailleurs la perte de débouché qui en résulte. La largeur libre du nouveau pont de la Madeleine serait portée à 140^{m}, le débouché superficiel, pour une crue semblable à celle de 1843, serait de 1,512^{mq}. On voit qu'avec une vitesse moyenne de 2^{m},72, égale à celle qui s'est produite en 1843, le débit par ce seul pont serait de 4,112^{mc}, ce qui dépasse de près de 1,500^{mc} la somme des débits effectifs des ponts d'Aiguillon, de la Belle-Croix et de la Madeleine au moment du maximum.

On voit que l'hypothèse d'une crue montant au même niveau qu'autrefois, à débit égal, est inadmissible. Pour ne point soulever de contestation à ce sujet, je suppose qu'on veuille une section totale de 2,580^{mq}, dépassant de 200 à 300^{mq} celle de 1843, et équivalant au débouché augmenté (2,660), en tenant compte de la moindre contraction. Or, pour obtenir ce débouché, les ponts d'Aiguillon et de la Belle-Croix ne concourant plus au débit, mais le pont de la Madeleine étant refait, il faut que la crue s'élève à 5^{m} au-dessus du zéro actuel, soit une diminution de 1^{m} dans la hauteur de la crue maxima.

L'abaissement des crues, conséquence indirecte de la transformation de la Basse-Loire, aurait d'autant plus d'importance que, d'après les prévisions de M. l'Inspecteur général Comoy, une crue égale en débit à celle de 1856, mais augmentée dans sa hauteur par la consolidation des digues insubmersibles, aborderait le département de la Loire-Inférieure avec un niveau surélevé d'environ 1^m, en tenant compte des atténuations que l'on pourrait obtenir par l'établissement de réservoirs dans les parties supérieures des vallées.

Dans le profil en travers de Trentemoult, la crue de 1843 s'est écoulée par les sections suivantes :

Loire proprement dite.	$2{,}744^{mq}$
Seil de Rezé	728
Plaine voisine du Seil.	873
Total.	$4{,}345^{mq}$

La vitesse moyenne, pour l'écoulement des $5{,}570^{mc}$, était de $1^m{,}28$; mais il devait exister une grande différence entre les vitesses en Loire et sur la plaine. Si nous comptons sur une moyenne de $0^m{,}80$ pour celle-ci et le Seil, les $1{,}601^{mq}$ auront écoulé 1,280, et le grand bras 4,290, ce qui correspond à une vitesse de $1^m{,}56$. Depuis 1843, on a exhaussé des chemins, construit des murs et des maisons, ce qui entrave l'écoulement en dehors du bras principal ; il en résulterait, pour un débit égal, un gonflement dont la ville de Nantes pourrait souffrir.

Les mesures à prendre seraient les suivantes, que l'on donne ou que l'on ne donne pas suite à notre projet :

1° Ouvertures dans le barrage en tête du Seil ;

2° Construction d'arches sous les chemins et acquisition de zones de terrains (à revendre, en imposant l'obligation de les maintenir à un niveau déterminé, etc.)

Nous avons raisonné sur la crue de 1843, antérieure à la construction de la levée de la Divate, parce qu'elle a un peu dépassé, à Nantes, celle de 1856. Mais celle-ci eût été supérieure sans la rupture de la levée. On estime la différence qui se serait produite à $0^m,40$, dont $0^m,15$ provenant des circonstances naturelles, et $0^m,25$ des travaux exécutés dans l'intervalle. La crue historique de 1711 paraît avoir excédé de $0^m,60$ celle de 1856. — Il faut conclure que l'avenir nous réserve des désastres si nous manquons de prévoyance.

Pour terminer ce qui concerne la ligne des ponts de Nantes, voici le tableau de quelques diminutions du débouché général, opérées à diverses époques. Les surfaces sont mesurées au-dessous du niveau de la crue de 1843. C'est à peine si les travaux de la Belle-Croix et de Pirmil ont réparé les pertes ; mais il faut dire qu'une partie des surfaces retranchées ne comportait pas les mêmes vitesses d'écoulement que les surfaces récemment ajoutées :

Chaussée de la Madeleine ; fermeture d'arches en 1765.	$130^{mq},00$
Deux arches du pont de la Madeleine, supprimées en 1835 et 1840.	$70^{mq},00$
Levée des Récollets, entre le pont de ce nom et celui de Toussaint. Fermeture des arches en 1839.	$140^{mq},00$
Pont de Pirmil, une arche supprimée en 1839.	$18^{mq},50$
Total.	$358^{mq},50$

L'exécution du projet ci-joint modifierait le régime des grandes crues en abaissant leur niveau et en diminuant, au profit du bras de la Madeleine, le débit par le bras de Pirmil.

La profondeur moyenne de $6^m,50$ sous la marée ordinaire de vive eau, soit 3^m environ ($2^m,93$) sous l'étiage nouveau, se répartirait inégalement dans chaque profil en travers, surtout au point du quai de la Fosse qui correspondrait au maximum de courbure. A Bordeaux, où la courbe du port a beaucoup d'analogie avec celle du projet, la variation atteint le rapport 1 à 2 1/2, en comptant les profondeurs au-dessous de la vive eau ; en admettant la même proportion, nous aurons pour déterminer le tirant d'eau vers la rive droite : $x + \frac{x}{2,5} = 13$, d'où $x = 9,29$.

Au moment d'une basse mer extraordinaire, la profondeur serait de 9,29 — 3,57 = 5,72, le long de la rive droite du port. Devant les chantiers de construction la profondeur serait de 3^{m},71 à haute mer, au pied de la murette ; elle s'augmenterait de 0^{m},56 tous les 15 mètres.

Le bras Saint-Félix, transformé en bassin à flot, communiquerait avec le fleuve par deux écluses à quatre paires de portes (pour sasser dans les deux sens, suivant les niveaux relatifs). L'une des écluses aurait 10^{m} de largeur, l'autre 17^{m}. Si l'on se décide à ménager une travée mobile dans le nouveau pont de la Madeleine, la partie haute du bassin deviendra port de cabotage, au grand profit d'une partie considérable de la ville. — Malheureusement le passage du pont de la Madeleine présenterait des inconvénients sérieux, à cause de la forte circulation de la route impériale, et des difficultés réelles.

La suppression de l'île Lemaire donnera aux canaux de la Prairie-au-Duc une bonne sortie en rivière. Il est regrettable que l'on creuse ces canaux à un niveau si peu différent de celui du nouvel étiage, et qu'on fasse sur leurs talus des travaux qui rendraient un approfondissement impossible. Il faudra, ou transformer les canaux en bassin à flot, ou tout refaire, car il est indispensable que les navires en armement y trouvent un bon tirant d'eau [1].

---

[1] Nous ne pouvons nous dispenser d'insister, en parlant de la traverse de Nantes, sur la nécessité de réformer le tracé des quais verticaux projetés le long de la Fosse ; il n'est pas admissible qu'on fasse ce tracé sans tenir compte de son influence sur le régime du fleuve. (Voir le Mémoire de M. Fargue, dans les *Annales* de 1868.)

Voir ci-après (*Résumé*) les indications relatives au deuxième projet de traverse de Nantes.

LA LOIRE MARITIME.

VI.

Le Tracé des Digues.

Les débits totaux de jusant se composent d'un élément fixe (le débit fluvial), et d'un élément qui augmente avec la distance au barrage, avec la dénivellation et avec la largeur moyenne dans cette distance. Des considérations diverses nous ayant amenés à adopter au droit de Haute-Indre la même largeur 200ᵐ qu'à Bellevue, nous baserons le calcul de l'excédant y sur la distance x, comptée depuis Haute-Indre. Dans la valeur de y, x sera élevé à une puissance supérieure à 1, puisque l'augmentation de largeur est aussi fonction d'éléments qui suivent une marche parallèle à celle de x. — Comme il ne s'agit que d'une première approximation, nous poserons, sans approfondir la question théorique : $y = p\,x^2$. Les valeurs de y seront ensuite rectifiées, s'il y a lieu, dans le sens qui serait indiqué par la marche des profondeurs, calculées en partant des largeurs données par la formule.

La condition résultant du raccordement nécessaire avec les rives, vers Paimbœuf, déterminera p. Cette condition nous donne une largeur de 2,100ᵐ au droit de la Chaussée-Neuve (Voir le tracé) :

$$y = 2^{k},100 - 0^{k},200 = 1^{k},900 = p \times (32^{k},200)^2;\ \text{d'où } p = 0,0018.$$

Donnant successivement à x les valeurs correspondant aux distances de Haute-Indre à Couëron, à la Martinière, à la Tour-de-Bouée, on trouve : $y = 0^k,072$, $0^k,208$, $0^k,927$, et, par suite, les largeurs :

Couëron	272m
La Martinière.	408m
La Tour-de-Bouée . .	1,127m

Le tracé fait sur le plan, en se rapprochant de ces résultats, a conduit à l'adoption des largeurs ci-dessous :

Couëron	300m
La Martinière.	430m
La Tour-de-Bouée . .	1,100m

Mais les profondeurs calculées sont moins fortes vers la Martinière qu'ailleurs. D'après cela, il serait bon de revenir en ce point à la largeur donnée par la formule.

Supposons que la partie maritime de la Loire soit endiguée régulièrement, que le barrage de Bellevue soit construit et les fonds inaffouillables dragués, qu'arrivera-t-il si on ne déblaye pas le fond de sable mobile ? — Nous aurions des débits de jusant plus faibles que les volumes entrés dans les calculs du régime d'étiage. Par conséquent (à vitesses égales, réglées par la résistance du sable à l'entraînement), on aurait de plus petites profondeurs et des pentes plus grandes. Il n'y a donc pas de motif déterminant pour espérer un rapide progrès à la suite de l'endiguement seul, sans dragages généraux, *tant qu'on ne considère que le régime d'été.* — Mais la question change de face pendant les crues ; l'endiguement concentrant les débits jusqu'à des hauteurs assez grandes (1), il y aura approfondissement aussitôt que les

(1) Vers les bornes 51-52, au-dessus de Nantes, le niveau des digues n'est pas changé ; à Trentemoult, exhaussement de 40 centimètres ; en aval, exhaussements plus considérables. — La destruction de ce que nous appelons le barrage de Nantes

fonds inaffouillables auront été enlevés (roches de Haute-Indre, etc.) En réduisant d'abord les dragages, une économie considérable sur les estimations peut être obtenue. L'action affouillante du flot et de la lame remontant au-dessus de Paimbœuf, à la suite de la destruction du barrage de Carnet et des îles, la puissance des crues serait considérablement augmentée. Il faut que le golfe soit creusé, il faut provoquer la marche vers l'amont du régime marin, pour que la fouille de crue et la fouille de lame se rejoignent dans de bonnes conditions; nos calculs prouvent qu'ensuite la marée suffira pour l'entretien des profondeurs.

Il s'agit de refaire, à l'intérieur des deux bras, les grandes profondeurs marines et leurs plages terminales ([1]); le travail des crues et des marées sera facilité dans le bras nord, et le bras sud deviendra précieux comme grand réservoir. — Nous proposons de détruire, en même temps que le barrage, le lambeau d'île qui porte le nom significatif de *Grand*-Carnet. Ce nom témoigne des changements qui se sont produits dans ces parages ; il est important de remarquer que l'accroissement extraordinaire du *Petit*-Carnet est postérieur à 1757 et antérieur à 1821, de même que la création de l'île de Laveau (cartes Magin et Beautemps-Beaupré). L'action des riverains (M. Watier, page 43 ci-dessus), la réunion et l'agrandissement des îles Sardine, Belle-Ile et Maréchale (le même, page 44), avaient commencé l'œuvre néfaste que la

---

(pont de la Madeleine, avec son radier élevé, barrage du même nom, pieux et pierres des anciennes pêcheries), et l'exécution des travaux projetés sur la gauche du chenal, entre Trentemoult et l'île Mindine, suffiraient déjà pour assurer une utile action des crues.

([1]) En 1757, l'île de Lavau, l'île Binet, l'île Calotte, etc., n'existaient pas (voir la carte de Magin). Depuis 1821, les encombrements du fleuve ont été considérablement augmentés; voir la carte de Beautemps-Beaupré.

construction du barrage du Carnet a conduite jusqu'où nous savons (M. Bouquet, page 81 ; M. Jurien, page 80).

Nous produisons une planche qui donne des renseignements complets sur la crue du 8 février 1860 ($4^m,34$ à l'échelle de Mauves, $4^m,74$ au-dessus de l'étiage). Voici par quelle méthode nous avons opéré, à cette époque, pour calculer les courbes des débits et des vitesses.

Courbes des débits locaux. — Considérons l'espace compris entre Mauves et le profil dont on s'occupe, Saint-Nazaire par exemple, comme un réservoir qui reçoit chaque seconde un volume d par l'amont (donné par la courbe des débits fluviaux), et qui dans le même temps écoule D à la mer.

Soit V le volume d'eau compris dans le réservoir au commencement de la seconde, V' à la fin.

On aura : $V - V' = D - d$, car l'emmagasinement a varié d'une quantité égale à la balance de la sortie et de l'entrée. La seconde considérée se rapporte à un moment du jusant; pendant le flot D sera négatif, ainsi que $V - V'$. Dans tous les cas l'équation donnera $D = V - V' + d$, lorsqu'on aura calculé la variation $V - V'$ du volume compris dans le réservoir Mauves-Saint-Nazaire.

$V - V'$ sera négatif lorsque le réservoir se remplira par les deux bouts, et lorsque D sera positif mais plus petit que d. — Il sera nul :

1° Lorsque, le niveau de la mer s'élevant déjà à Saint-Nazaire (après la basse mer, mais avant le flot proprement dit), le débit positif D ne sera plus que l'équivalent de ce qui entre par Mauves;

2° Lorsqu'après la haute mer, et le mouvement de descente étant prononcé depuis quelque temps, la sortie sera devenue égale à d par seconde (le débit se fait encore vers l'amont lorsque l'abaissement du niveau commence à Saint-Nazaire; ensuite le courant s'arrête, puis se renverse, et le débit arrive bientôt à la valeur d.)

Ce qu'on vient de dire pour le profil de Saint-Nazaire s'applique également à tout autre (1).

Courbes des débits totaux. — Deux courbes longitudinales, qu'on trouvera sur la même planche, donnent le débit total du jusant et celui du flot en chaque point de la rivière. Comme on opère pour un jour de crue, le débit de flot ne commence que par le travers de Buzay, mais la marée n'est pas sans influence au-dessus : elle modifie la répartition dans le temps, comme on peut le voir par l'examen des courbes locales. La vitesse moyenne est augmentée pendant la phase qu'on peut encore appeler le jusant, par extension, et retardée pendant la phase qui correspond au flot ; mais il faut remarquer que la moyenne générale diminue, parce qu'elle correspond à une hauteur moyenne plus grande. — Pendant le règne des moindres vitesses, une partie de la dépense se transforme en hauteur ; l'eau qui s'écoule en moins s'accumule en réserve. Comme la puissance d'entraînement du sable s'accroît avec la vitesse, dans une proportion qui devient très-rapide lorsque W dépasse la limite 0,55, on voit que, malgré la diminution de la moyenne générale, une augmentation du transport total peut se produire.

Courbes des vitesses. — Nous avons calculé la vitesse moyenne au milieu de chaque quart d'heure, pour chaque profil, en divisant le débit par seconde (ordonnée de la courbe locale des débits) par la section correspondante.

Une crue semblable à celle du 8 février 1860, qu'on peut qualifier de *grande crue annuelle,* par opposition *à grande crue décennale,* expression applicable aux crues analogues à celles de 1843, 1856 et 1866, présente ici un intérêt tout particulier. Elle n'est point exceptionnelle, puisque la Loire se tient chaque année pendant un certain temps dans ses environs.

---

(1) Voir le Mémoire publié par les *Annales des Ponts et Chaussées,* année 1865.

Aujourd'hui le débit de la crue est en notable partie détourné vers le bras du Migron; le débit réduit du Nord est d'autant plus impuissant que l'action marine est plus entravée dans le fond de la baie, et que les obstacles directs au mouvement (îles) sont plus multipliés. Il faut concentrer le débit dans le bras nord, en établissant des digues continues au niveau des prairies.

Les mouvements des fonds se résument comme suit :

1° Vers Nantes, affouillement par les crues concentrées dans un bras unique, au moyen de l'abaissement de l'étiage suffisamment prolongé vers l'amont (1);

2° Sur tout le parcours, débits de sable suffisants pour maintenir le fond à $1^m,20$ au moins au-dessous du zéro de Saint-Nazaire, par l'établissement de digues longitudinales continues, sans autres interruptions que les débouchés des réservoirs (sauf le déversoir de superficie à l'entrée de Nantes, à la cote, $4^m,60$ (2); voir Loire maritime, III);

3° Affouillement par l'effet combiné des lames, du flot et du jusant, jusqu'au-dessus de la Tour-de-Bouée, à la suite de la destruction du barrage du Carnet et des îles.

---

(1) Les conditions à remplir étaient :

1° Barrage en travers de la Loire, au-dessus des embouchures du bras de Pirmil, pour retarder le déversement dans ce bras sans exhausser les digues longitudinales, afin de ne pas gêner l'écoulement des crues extraordinaires ;

2° Emmagasinement suffisant au-dessus de Nantes, pour entretenir dans ce port, à l'aide des marées d'étiage, sans dragages, les profondeurs nécessaires. — Nos calculs ont prouvé que l'emplacement du barrage, déterminé par la première condition, satisfait à la seconde.

(2) Le déversement d'une partie des crues ordinaires dans le bras de Toussaint correspond au rétrécissement exceptionnel de la traverse de Nantes, admis pour éviter une augmentation de dépense. La discontinuité de la digue n'existe que lorsque le débit dépasse 560^{mc}. — Les digues de Cheviré seront à peu près à la même hauteur que les digues d'aval.

Au lieu de ce tableau vrai du phénomène, tel qu'il se passera dans un fleuve à rives bien tracées, à étiage abaissé, que voyons-nous aujourd'hui? D'abord les crues débordent prématurément; à haute mer, celle que décrit notre planche dépasse de 2^{m} le niveau moyen des digues à la sortie de Nantes, de 0,30 à basse mer et 1^{m},50 à haute mer celui des digues d'aval. — Beaucoup de force s'use dans les tourbillonnements et rencontres de courants, engendrés par l'escalade des digues et les rentrées dans le bras principal. Lorsqu'on arrive dans le fouillis des îles, le désordre est au comble; les courants se croisent en tous sens, les frottements deviennent ruineux, le travail se transforme en chaleur; les sables s'arrêtent pris au piége. — Que l'on ouvre le profil des forages dans les îles; on trouvera, sur quelques points, de petites couches d'argile (travail de l'été, manœuvres des riverains), alternées avec de petites couches de sables (travail de l'hiver, arrêts consolidés par la vase nouvelle qui ne tardera pas à venir); il semble que l'on compte les saisons, comme l'on compte les années sur la coupe d'un arbre ou sur les dents d'un cheval.

Les dispositions existantes, de Trentemoult à Haute-Indre, sont complètement défectueuses, et il est facile de le prouver. Dans cette longueur, on rencontre deux fosses, à Trentemoult et à Roche-Maurice, et deux hauts fonds, l'un entre les mouilles, l'autre en aval de la seconde. Or, les fosses correspondent aux profils de plus grande et de plus petite largeurs. Ces profils ont cela de commun, qu'*ils sont des points de débit maximum par mètre courant de largeur, lorsque le débit du fleuve dépasse une certaine limite,* ce qui montre l'importance prépondérante des crues dans le voisinage de Nantes, car le résultat final est en rapport avec leur action et en contradiction (pour ce qui se rapporte au profil de Trentemoult) avec les tendances du régime d'été.

Il est nécessaire de conserver la largeur 260 à Trentemoult, pour l'écoulement des crues extraordinaires; mais on peut retarder le déversement, pardessus la digue joignant ce village à l'île Cheviré, de manière que les parties moins larges profitent de la totalité du débit, jusqu'à une limite suffisante pour l'entretien des profondeurs. La largeur actuelle de 200^{m} sera conservée en tête de Cheviré, et on l'adoptera comme largeur constante jusqu'au débouché du réservoir de Port-Lavigne, à l'île Mindine. — La détermination du nivellement de la digue trouvera place dans les calculs ci-après.

La rénovation du régime maritime dans le fond de la baie de Paimbœuf, et au-dessus, aura pour conséquence l'abaissement de l'étiage; elle opèrera comme une prolongation de la mer à l'intérieur. Nous ferons donc une hypothèse admissible, en prenant la cote ancienne pour la hauteur de la basse mer à la Martinière, pendant l'écoulement d'une crue semblable à celle du 8 février 1860 (page 108), malgré la suppression de l'écoulement par le bras sud. — Cherchons les profondeurs et les pentes que cette crue tendrait à donner, jusqu'à Nantes, dans l'état nouveau, en adoptant les mêmes vitesses moyennes [1]. (Voir la planche à la suite du rapport.)

Le débit est de 3,200^{mc} par seconde à la Martinière, au moment de la basse mer, et la vitesse moyenne 0,84. De l'équation : $3{,}200 = 430 \times H \times 0{,}84$, on tire $H = 8^{m},86$, puis $\frac{8{,}86 \times I}{(0{,}84)^2} = 0{,}00028 + \frac{0{,}00035}{8{,}86}$ donne $I = 0{,}000025$. — On pourrait n'admettre cette pente que pour un kilomètre, calculer une nouvelle pente applicable au kilomètre suivant (en marchant vers l'amont), et ainsi de suite; mais nous allons chercher la pente à Couëron, et nous compterons sur la moyenne des deux pentes entre ce point et la Martinière, ce qui reviendra sensiblement au même.

Au moment considéré, le débit à Couëron est de 3,100^{mc} et la vitesse 1,07; la profondeur sera : $H = \frac{3{,}100}{1{,}07 \times 300} = 9{,}66$, et la pente : $I = \frac{0{,}00032 \times (1{,}07)^2}{9{,}66} = 0{,}000038$.

Près de la Haute-Indre, au débouché du réservoir de Port-Lavigne, $D = 3{,}200$, $U = 1^{m},52$. On trouve :

---

[1] Voir la note C, page 21.

$$H = \frac{3,200}{1,52 \times 240} = 8,76 \text{ et } I = \frac{0,00032 \times (1,52)^2}{8,76} = 0,000084.$$

Dans la partie de 200m de largeur, on réduira le débit aux $\frac{200}{260}$ de 3,200 (la différence étant écoulée par-dessus la digue de Trentemoult-Chéviré, et ne rejoignant le chenal qu'au débouché de Mindine). On trouve : $D = 2,460$. La vitesse est de 1,38 à Trentemoult, à la même heure 3 1/4. Les calculs ordinaires donnent : $H = \frac{2,460}{200 \times 1,38} = 8,91$, et $I = \frac{0,00032 \times (1,38)^2}{8,91} = 0,000068$.

Pour le profil de Trentemoult, on doit arriver aux mêmes résultats, et nous ne faisons les calculs qu'à titre de vérification matérielle :

$$D = 3,200, \quad U = 1,38, \quad L = 260.$$

On trouve : $H = 8,91$ et $I = 0,000068$.

Les conséquences de ce qui précède sont résumées dans le tableau suivant :

	Longueurs.	Pentes.	Profil en long superficiel	Profondeurs.	Profil en long du chenal.
La Martinière : Cote actuelle de la surface, profondeur et cote calculée du fond.	. . . . .	. . . . . .	5m,77	8m,86	— 3,09
Couëron : Distance au profil précédent, pente moyenne, cotes de nivellement et profondeur au nouveau profil.	4,500m	0,000032	5 ,91	9 ,66	— 3,75
Débouché du réservoir de Port-Lavigne	5,820	0,000061	6 ,27 (1)	8 ,76	— 2,49
Trentemoult.	5,240	0,000068	6 ,63	8 ,91	— 2,28

(1) Le nivellement entre la fin du déversoir et ce point, sera réglé par les cotes 6,53 à l'origine (p. 114) et 6,27 à l'extrémité ; la rive de l'île Chéviré sera un peu rechargée. — Peu de chose à faire aux digues de Chantenay, actuellement arasées à la cote 6m,30.

La crue sera abaissée de $0^m,92$ à Trentemoult.

En se reportant aux pièces du dossier, on verra que le régime d'étiage comporterait les profondeurs suivantes, à vitesses égales aux vitesses actuelles : $7^m,10$ à Bouée, $6^m,73$ à la Martinière, $7^m,04$ à Couëron et $7^m,63$ de Trentemoult à Haute-Indre ; le tout compté au-dessous de la marée ordinaire de vive eau, qui marque $5^m,30$ à l'échelle de Saint-Nazaire. Les cotes correspondantes du fond, par rapport au zéro de cette échelle, sont :

La Tour-de-Bouée	— 1,80
La Martinière	— 1,43
Couëron	— 1,74
Trentemoult	— 2,33

Il y a concordance pour Trentemoult ; mais en aval la crue tendrait à produire de $2^m,01$ à $1^m,66$ d'approfondissement. Ce serait la conséquence indirecte de l'action de la lame jusqu'au-dessus de la baie de Paimbœuf.

Les profondeurs extraordinaires que l'on obtiendrait, dans le bas de la rivière, résulteraient en définitive du déblai des îles et du barrage de Carnet, combiné avec l'endiguement rationnel. On entreprendra les travaux avec confiance, car le mécompte qu'on pourrait craindre n'irait pas jusqu'à mettre en question la profondeur de $6^m,50$ sous la marée de vive eau, cette profondeur ne comportant que $1^m,20$ de cote de fond au-dessous du zéro.

Nous avons encore à déterminer la hauteur de la digue, entre Trentemoult et Cheviré. La longueur étant de $1,400^m$, le débit par mètre courant sera : $\frac{3,200 - 2,460}{1,400} = 0,53 = 0,368.\ x.\ \sqrt{2gx}$, et la cote moyenne de la crête $= 6,63 - 0,05 - x = 6,58 - 0,47 = 6^m,11$.

L'enracinement à Trentemoult sera réglé à $6^m,16$, et à Cheviré à $6^m,06$. La digue actuelle ne sera exhaussée que de $0^m,40$, mais il ne faut pas oublier l'influence de l'abaissement de l'étiage. — La digue à l'aval de Chéviré sera réglée à 6,27 à son extrémité. (Voir le tableau ci-dessus.)

LA LOIRE MARITIME.

VII.

Résumé.

Arrivés au terme de notre travail, nous sommes un peu effrayés des difficultés rencontrées sur la route. Nous espérons cependant que l'évidence des idées générales ne sera pas méconnue, et qu'on ne s'arrêtera pas aux erreurs de détail; il serait bien difficile que quelques-unes ne nous eussent pas échappé, car nous ne disposions que d'un temps très-limité, et nos occupations multiples le rendaient plus insuffisant encore.

Faisons une revue rapide de ces idées générales :

I. — L'orientation de l'embouchure de la Loire, la nature et la forme des côtes voisines sont très-favorables; elles permettent d'entreprendre avec sécurité les travaux intérieurs, et garantissent le succès final contre toute fâcheuse éventualité.

En effet, les conditions les plus dangereuses se résument en deux mots : côtes démolies par la mer; débris charriés le long du rivage et se logeant dans les embouchures (1). Or, de part et d'autre de la Loire, les démolitions ne peuvent

---

(1) Lorsqu'on se trouve dans ces conditions, on est souvent entraîné à faire des travaux au large; mais les résultats obtenus ne sont pas toujours durables.

être que très-lentes à cause de la nature primitive des côtes, et l'on ne trouve pas de sable de provenance extérieure en dedans de la ligne des pointes Saint-Gildas-Pinchâteau.

Le fleuve débitant du sable, celui-ci doit faire une station dans les parages de l'embouchure, où la largeur est grande ; mais l'orientation permet aux lames du vent régnant d'entrer de plein fouet, d'où résulte une énergique trituration, une usure rapide, et par suite une plus facile sortie de la baie; aussi les sables se logent-ils dans l'anse d'Escoublac et dans la baie de Bourgneuf.

Lorsque les berges de la Loire et de l'Allier, qui sont les grands fournisseurs de sable, auront été défendues, lorsque les matières emmagasinées dans le fleuve se seront en partie épuisées, que de grands volumes auront été cantonnés sur les côtés d'un chenal régulier, l'embouchure deviendra réellement admirable, et la Loire sera plus que jamais le plus beau fleuve de l'Europe. Mais il n'est pas nécessaire d'attendre ce lointain avenir, pour jouir des conditions favorables où cette embouchure se trouve placée, et dès aujourd'hui l'on peut constater avec M. Jurien de la Gravière qu'en France elle est la meilleure de toutes.

Si, par suite de grands travaux à l'intérieur, il arrivait que le volume descendant fût momentanément augmenté, l'effet sur l'embouchure serait insensible. En effet, il faudrait huit millions de mètres cubes supplémentaires arrivant dans la baie, au-dessous de Saint-Nazaire, pour exhausser moyennement de vingt centimètres les 40 millions de mètres carrés qui la constituent ; mais cet exhaussement se répartirait inégalement et il serait nul sur la barre, dont le niveau est surtout réglé par l'action de la lame. Les sables seraient triturés, usés, puis le jusant les reprendrait, avec une force augmentée par le meilleur emmagasinement produit par les travaux, et l'on serait bientôt débarrassé des apports supplémentaires.

II. — La baie de Paimbœuf est affouillée par la lame jusqu'à la tour des Brillantes; en amont, des encombrements se sont produits, surtout depuis la construction du barrage du Carnet. Rendons à la rivière son ancien régime marin, plus haut dans les terres, en détruisant ce barrage, ainsi que les îles dues en partie aux pratiques habiles des riverains. La mer tend à former une plage inclinée au fond du golfe intérieur ; il faut que la crête de cette plage soit abaissée par les eaux du fleuve pendant les crues, et cet effet se produira d'autant mieux que la crête sera remontée jusqu'en un point moins large. On touche ici à la question délicate ; il faut que le rétrécissement soit accentué, mais il ne faut pas qu'il soit brusque. Si l'on faisait déboucher un chenal de 7 ou 800^{m}, par exemple, dans une baie de 2,000^{m}, les vitesses du jusant s'amortiraient subitement ; les sables s'entasseraient au bout du chenal endigué, s'accumuleraient sur les côtés, et la lame n'aurait pas assez de puissance pour détruire l'obstacle avant une crue nouvelle. Abordons donc la baie avec un tracé s'ouvrant rapidement, mais graduellement ; l'obstacle s'étalera sur une grande surface, car il n'y aura plus de motif pour que la crue fasse ses dépôts en masse sur un seul point, et l'action de la lame s'exercera dans les meilleures conditions.

Les crues rechargeront de sable le talus de la plage sous-marine, dans ses parties moyenne et inférieure, en même temps qu'elles en répandront en aval ; le talus sera mobile ; son pied descendra jusqu'à la baie de Paimbœuf, lorsque la crue sera très-forte ou très-persistante. Il est utile qu'au fond de cette baie une chasse puissante, venant en aide aux courants ordinaires, attaque alors la plage par le pied, pousse les sables vers l'aval sous le pilon de la lame, afin que celle-ci réduise plus vite les particules à la ténuité nécessaire pour l'entraînement par le jusant. C'est ce rôle que rempliront les bras sud (réservoir du Migron), qui aujourd'hui absorbent une partie notable du débit sans profit pour eux-mêmes, puisque la profondeur obtenue dans le petit bras de Carnet ne se retrouve pas au-dessus. Ce réservoir, fermé par la digue en amont, largement ouvert en aval par la destruction du barrage de la Maréchale à Carnet, sera affouillé par la lame dans la partie inférieure, et entretenu depuis Buzay par les rivières de la rive gauche [1]. La translation des sables sera d'abord lente; mais lorsqu'ils seront assez menus pour être tenus en suspension dans les couches inférieures, par des vitesses modérées, ils arriveront bientôt au goulet de Saint-Nazaire, comme une goutte d'eau d'amont y arrive après quelques oscillations. Dans la grande baie, le travail d'usure continuera; les sables pourront remonter le goulet, mais pour le redescendre immédiatement, et le phénomène s'achèvera comme nous l'avons dit.

Mais les débits fluviaux sont faibles ou modérés pendant une grande partie de l'année. Le régime d'été présente donc une immense importance; il faut profiter du temps où l'amont ne fournit presque plus de sable, pour mettre fin aux désordres qui pourraient encore exister vers l'aval. Les crues sont toujours un peu dangereuses, quelque précautions qu'on prenne pour les recevoir, parce que ce sont elles qui apportent l'ennemi. Nous ne pouvons pas écouler les sables à la mer à mesure qu'ils arrivent; faisons en sorte de les loger de manière qu'il n'y ait pas dommage pour la navigation, et de nous en débarrasser ensuite. — En remontant la crête de la plage sous-marine à l'intérieur du fleuve, nous assurons l'affouillement de cette crête par les crues, et le dépôt des sables plus en aval, sur le talus et dans la baie de Paimbœuf proprement dite. Mais si l'on conservait des craintes, si l'on arrivait à concevoir telles circonstances exceptionnelles où quelques désordres locaux se produiraient, malgré les bonnes dispositions du tracé, le régime d'été doit pouvoir remédier au mal. Il faut pour cela que ce régime dépasse, à l'état normal, les conditions du programme, qu'il comporte des profondeurs supérieures à 6m,50, avec des vitesses égales aux anciennes.

---

[1] Le canal de Buzay sera rattaché à la Loire, vers la Martinière, par une écluse de petite navigation; quelques frais d'entretien pourront être nécessaires entre ces deux points.

On voit de suite que la partie du bras navigable qui avoisine la Martinière a, plus que toute autre, besoin que les débits de marée soient en été aussi grands que possible; il faut un balayage énergique qui au besoin égalise le fond. Cet effet se réalisera avec une vitesse proportionnelle aux débits de flot et de jusant; s'ils sont considérables pour chaque mètre de largeur du chenal, les bourrelets ne tarderont pas à être rejetés dans les parties profondes; le plus pressé sera fait, et l'on pourra attendre sans dommage que la lame remplisse en aval son office. Celle-ci, aidée par l'action du grand réservoir, use les matières du talus et facilite leur entraînement vers la mer; le vide se reforme au fond de la baie et les sables de l'intérieur coulent en conséquence, avec l'aide du débit augmenté du jusant. Il conviendra de tenir les digues hautes, pour ne rien perdre du débit des crues ordinaires; il faut absolument rompre avec le vieux préjugé des digues basses, car on dirait ces digues calculées pour user infructueusement la puissance vive, dont on a tant besoin de faire un bon usage.

III. — Continuant notre marche vers l'amont, nous arrivons aux parages de Couëron et de Nantes. Il n'y a plus à tenir compte de l'action de la lame, mais seulement des courants de jusant et de flot. Le nouveau régime ne devra pas comporter, en moyenne, de plus petites vitesses que l'ancien. Les profondeurs annoncées ne sont admissibles que si l'hypothèse de leur existence conduit, en tenant compte des débits correspondants, à des vitesses égales à celles d'autrefois.

On établit un barrage à Bellevue (à quelques kilomètres au-dessus de Nantes), on endigue, on drague de manière que le niveau des basses mers s'abaisse; il s'agit de prouver que les nouveaux arrivages d'amont ne donneront pas lieu à des dépôts de sable comblant la fouille.

Pour procéder du simple au composé, considérons d'abord la partie fluviale, et supposons le débit constant. Si l'on désigne par d le débit par mètre courant de largeur, on aura: $d = H.\ U$, H étant la profondeur moyenne et U la vitesse. On voit qu'à vitesse égale la profondeur sera augmentée dans la même proportion que d; cela correspond au rétrécissement de la rivière. — S'il s'agissait d'une rivière à fond inaffouillable, l'augmentation de H se ferait par le relèvement du plan d'eau; la proportion serait moindre que pour d, car c'est I qui alors ne varie pas, et sa valeur en fonction de d et de H est $\left(\frac{d}{H}\right)^2 \cdot \left(\frac{a}{H} + \frac{b}{H^2}\right)$, fonction qui ne peut rester constante, lorsque H augmente, que si $\frac{d}{H}$ augmente aussi. — Pour une rivière à fond mobile, le phénomène n'est pas complètement déterminé lorsque d est variable. U tend vers une certaine valeur en rapport avec la résistance du fond, et par suite H vers le doublement, en supposant la réduction de la largeur à moitié; mais on ne doit compter sur l'abaissement du lit qu'en raison des débits dans le voisinage desquels on se tient longtemps. Pour ceux-là, le règlement du fond dans le lit mineur sera déterminé : 1° par le niveau fixe existant en aval (radier de pont, fond de roche, etc.); 2° par les valeurs de I et de H qui correspondront à la valeur limite de U, en rapport avec la résistance du fond (équations 1 et 2, note C).

Dans les parages d'amont de la partie maritime, il faudra de même calculer le nivellement du lit en se basant sur les débits des crues concentrées dans le chenal. On fermera les réservoirs latéraux partout en dehors de leur bouche aval, et la profondeur H s'augmentera dans le rapport de l'accroissement de d. Il est nécessaire que cette concentration, dans un bras unique, ait lieu jusqu'à une valeur sérieuse du débit; ce résultat ne sera atteint que par l'abaissement de l'étiage [1], parce qu'il faut tenir les digues très au-dessous des crues exceptionnelles

---

[1] Cet abaissement permet d'écouler exclusivement par le bras navigable la crue de 682^{mc}, depuis Bellevue jusqu'au déversoir de Toussaint, sans exhausser les digues séparatives du bras de Pirmil (page 61). On réduit à 560^{mc} le débit non partagé, dans la traverse de Nantes proprement dite, à cause du rétrécissement

dans la section Nantes-Couëron. Cela fait, le doublement de d provoque le doublement de *H, à valeur égale de U;* mais il faut rechercher ce qui se passera pendant les grandes crues et lorsque le débit fluvial sera réduit au minimum.

Malgré le partage, les grandes crues débitent beaucoup plus qu'autrefois dans le bras navigable, à fond abaissé; c'est par là que s'écouleront les plus grands volumes d'eau et les plus grands volumes de sable. Il n'y aura pas de ces passages où la valeur de d s'amoindrit brusquement, ce qui est la cause principale des dépôts. Dans le cas de quelques désordres locaux, les crues concentrées ramèneraient les profondeurs perdues, car l'ensablement ne serait pas tel que la hauteur des digues ne maintînt dans le chenal la totalité de débits encore notables; on se retrouverait en présence de la formule $d = H \cdot U$, avec cette circonstance que la durée des débits moyens assurerait le retour de U, et par suite celui de H, à la valeur antérieure à la grande crue.

L'équation $I = U^2 \cdot \left(\frac{a}{H} + \frac{b}{H^2}\right)$ concorde parfaitement avec l'augmentation

---

exceptionnel admis pour raison d'économie. Au droit de la digue de Trentemoult, largeur 260 à 200 (*), le débit concentré s'élève à 3,200^{mc} en amont, et à 2,460^{mc} en aval. Au-dessous du débouché de l'île Mindine, le débit dans le chenal reprend sa valeur 3,200, par le retour des 740^{mc} déversés par-dessus la digue de Trentemoult (à raison de 0,53 par mètre courant, sur 1,400^{m}). On ne cherche pas à obtenir au-dessus de Nantes de grandes profondeurs, parce que ce serait faire une dépense non motivée, et parce qu'en outre les marées d'été ne peuvent entretenir que des sections en rapport avec la distance au barrage de Bellevue. — Le barrage de Glascow (bien que reculé en 1842) est encore dans l'intérieur de la ville; c'est pourquoi des dragages d'entretien sont nécessaires dans la Clyde (voir pages 54, 96, 97).

(*) Cette largeur décroissante est un cas de force majeure; il faut conserver les 260 mètres au droit du village de Trentemoult, parce que les grandes inondations ne trouvent pas de débouché bien sérieux en dehors du bras principal (voir pages 66, 67, 102, 115).

de la profondeur accompagnant une diminution de la pente (conséquence directe de l'abaissement de l'étiage) ***pour des vitesses égales.*** Mais, avec une largeur donnée, l'augmentation de H n'est compatible avec la non diminution de U qu'à la condition de l'accroissement du débit (2). L'abaissement de l'étiage procure cet accroissement,même à Nantes : 1° en basses eaux, parce qu'il est prolongé vers l'amont jusqu'à Bellevue; 2° en crue, parce qu'il permet de retarder le déversement dans les bras secondaires. — L'équation (1) peut se mettre sous la forme :

$$\frac{I\,L^2}{D^2} = \frac{a}{H^3} + \frac{b}{H^4}$$

On voit qu'en augmentant D et diminuant I et L on fait de H un maximum. La réunion des trois moyens n'est possible que dans une rivière à marées. La conservation de la vitesse se concilie, non-seulement avec une augmentation de la profondeur, mais encore avec une augmentation de la section $L\,H$, par suite de l'augmentation de D (2).

En nous occupant de la section inférieure à celle de Nantes-Couëron, nous avons vu que le niveau du fond est variable, mais seulement entre certaines limites; le régime d'amont sera d'autant mieux assuré qu'on aura moins à craindre de grands relèvements en aval. Bien différente est la situation actuelle; l'arrêt des sables au milieu des îles, pendant les grandes crues, cause un trouble général qui gagne de proche en proche vers l'amont; c'est pour cela que les quelques kilomètres séparant Nantes de la baie de Paimbœuf n'ont plus de maritime que le nom. — Il est intéressant de remarquer combien est petite la distance de Nantes à la mer, comparativement à celle de Rouen ou de Bordeaux. Si l'on ajoute la supériorité de l'embouchure de la Loire, on ne pourra s'empêcher de penser qu'une grande part incombe à l'homme dans l'état actuel des choses, malgré l'arrivage des sables d'amont.

M. l'Ingénieur ordinaire a calculé les profondeurs qui correspondraient, après l'exécution des travaux, au débit d'étiage un jour de vive eau, en supposant que l'écoulement se fît avec les mêmes vitesses qu'aujourd'hui ; il a trouvé que la profondeur dépasserait 7m dans les parages de Nantes-Couëron, au-dessous de la marée de 5m,30. Le jour pris pour terme de comparaison était le moins favorable, sous le rapport d'une comparaison avec l'état actuel, puisque l'emmagasinement de la vive eau ne sera pas augmenté dans une proportion aussi forte que celui de la morte eau. On peut conclure de là que si certaines crues marquaient leur passage par quelques dépôts, les marées ne seraient pas impuissantes à rétablir les profondeurs. Leur action se ferait sentir chaque jour, pendant une saison où la partie fluviale n'envoie presque pas de sable à la partie maritime, où les parages d'aval deviennent de plus en plus aptes à absorber de nouveaux sables, à mesure qu'on s'éloigne de la saison des grands apports. On voit que tout concorde pour assurer le maintien des profondeurs. Les calculs que nous avons donnés, relativement à la crue de 3,200mc par seconde, prouvent d'ailleurs que chaque année le lit sera remanié, de Nantes à Couëron, dans le sens d'un approfondissement de plus en plus grand entre ces deux points ; rien n'indique que les débits d'étiage puissent avoir à faire le travail de remise en ordre dont ils seraient capables, dans cette section comme dans les autres. Les résultats seront d'autant plus assurés que le fond de la baie de Paimbœuf sera mieux déblayé (II) ; tout au plus pourrait-on craindre, en adoptant l'hypothèse la moins favorable, d'avoir à prolonger la digue droite conformément au tracé pointillé et à détruire l'île Pipy, sans attendre le besoin de profondeurs dépassant le programme.

Dépenses. — L'estimation a été faite en adoptant des prix élémentaires très-largement calculés, notamment pour les dragages. Nous avons l'expérience de ces sortes de travaux, ainsi que des constructions et des démolitions de digues [1], et nous croyons pouvoir garantir que, dans son ensemble, cette

---

[1] La démolition de la grande digue en face du Pellerin, avec emploi immédiat des moëllons sur le nouveau tracé, serait plus facile que la démolition faite en 1861,

estimation est plutôt forte que faible. Le détail estimatif s'élève à 47 millions.

Traverse de Nantes. — *2e projet.* — Au dernier moment, nous avons étudié un second projet pour la traverse de Nantes. La rectification à travers la Prairie-au-Duc, indiquée dans nos premières propositions (note A), avait été abandonnée comme trop coûteuse, et nous avons exposé la combinaison consistant à conserver le bras de la Madeleine et de la Fosse. Cette combinaison a l'inconvénient de réduire beaucoup la surface du bassin à flot ; mais elle conserve à la partie principale du port sa libre communication avec le fleuve, ce qui ne laisserait pas de présenter de grands avantages. — D'après la nouvelle étude, on ouvrirait le bras principal au Sud du bras de la Madeleine. Ce tracé absorberait le bras de Toussaint ; il serait plus économique que l'ancienne combinaison de la Prairie-au-Duc. Le débouché des inondations comprendrait, outre le lit principal de 200^m, le bras rectifié des Récollets (50^m) et le bras de Pirmil. On ajouterait au bassin à flot du premier projet tout le bras de la Madeleine, le bras de la Fosse et les canaux de la Prairie-au-Duc.

La dépense totale monterait à 49 millions.

On pourrait décider la suppression du bras de la Madeleine dans sa partie amont, ou même jusqu'à l'emplacement du pont projeté (à la suite du pont Maudit). C'est une question sur laquelle ne manqueront pas de s'expliquer tous les intérêts pendant l'enquête ; elle n'a pas de rapport avec le régime du fleuve.

Nantes, le 25 juillet 1869.

L'Ingénieur en chef,
LECHALAS.

---

entre Haute-Indre et Basse-Indre (1,500 mètres courants). Le prix du mètre cube serait moindre, notamment parce que l'extraction à la main correspondrait à une fraction plus considérable.

Note A.

Nous croyons devoir reproduire ici la brochure qui renferme l'idée-mère du projet.

Nos idées sur les moyens de transformer la Basse-Loire sont d'une grande simplicité, et quelques personnes s'étonnent de leur production tardive. Mais les savants et les industriels ne partageront pas cet étonnement; ils savent que les solutions simples se présentent rarement les premières à l'esprit. Lorsque je proposai de manœuvrer les pompes de la forme de radoub, à Paimbœuf, au moyen d'une turbine mise en mouvement, à basse mer, par l'eau d'un réservoir alimenté par la marée, on se demanda comment cette idée n'avait pas été émise plus tôt, surtout pour les formes accolées à des bassins à flot. Je ne puis être surpris qu'on se pose aujourd'hui la même question. Il est tout naturel qu'on s'étonne de l'extrême simplicité d'une solution appelée à résoudre un problème si important pour le port de Nantes et pour tout le bassin de la Loire. Cette simplicité théorique n'empêche pas, malheureusement, qu'il n'y ait à faire une dépense considérable, bien que très-inférieure à celle que nécessiterait un canal artificiel.

CHAPITRE PREMIER.

MOYENS PROPOSÉS POUR LA TRANSFORMATION DE LA BASSE-LOIRE.

L'amélioration radicale de la Basse-Loire peut être obtenue par les moyens suivants :

§ I.

Faciliter l'entrée du flot en enlevant les îles comprises entre le Pellerin et Paimbœuf, sur le parcours du bras unique auquel on réduirait la Loire. — Ce bras unique serait régulière-

A

ment endigué en forme d'entonnoir, et ses bords se rattacheraient aux rives naturelles à Paimbœuf d'une part, à Donges de l'autre; les faux bras laissés en dehors de l'endiguement recevraient les produits du déblai des îles (1) et ceux des dragages dont il sera parlé ci-après. Pour l'exhaussement des nouveaux terrains, on favoriserait ensuite, par les moyens connus, le dépôt des vases amenées par le flot. On voit que les digues constitueraient de véritables rives; la Basse-Loire serait un fleuve sans îles, courant entre deux bords réguliers. L'idée généralement répandue que les sables se déposent toujours au bout des digues n'aurait plus de raison d'être, puisque les rives nouvelles se rattacheraient, sans solution de continuité, à la partie conservée des rives anciennes. Cela n'aurait aucun rapport avec le système des digues actuelles, qui se terminent au milieu d'un dédale de bras et d'îles.

Au-dessus du Pellerin, les digues existantes seraient complétées et partiellement rectifiées.

§ II.

Nous formulons le second moyen comme suit :

Creuser le lit de la Loire de manière que l'étiage de Nantes, qui est à 3^m (2) au-dessus de l'étiage de Saint-Nazaire, soit abaissé de 2^m.

Ce qu'on sait de la nature du sol permet d'affirmer qu'il n'y aura pas de dépenses extraordinaires pour l'abaissement du lit, ou du moins que les fonds très-difficiles à attaquer ne se rencontreront qu'exceptionnellement. La régularisation générale de la Loire maritime et l'amélioration de la traverse de Nantes (§ I et III) faciliteront l'abaissement de l'étiage et permettront de réduire la dépense correspondante.

L'étiage étant aussi bas à Bordeaux qu'au Verdon, il faudrait porter à 3^m l'abaissement de

---

(1) Le tracé étudié ne fait disparaître que l'île Binet, une partie de l'île Thérèse et quelques petites îles. Les autres seraient réunies aux rives voisines. — Voir, plus loin, quelques remarques importantes au sujet des dépenses à faire pour l'enlèvement des îles.

(2) La différence de niveau des zéros des échelles est de 3^m,68 ; mais le zéro de Nantes est trop haut et celui de Saint-Nazaire un peu bas. Dans l'avant-projet, on réduit l'abaissement de l'étiage à 1^m,45, parce qu'on tient compte de l'augmentation de profondeur au-dessous du niveau de basse mer. (Avril 1869.)

l'étiage à Nantes pour se placer dans des conditions analogues (1). Mais 2^{m} suffiront, parce que la marée montera plus haut à Nantes qu'à l'embouchure. La surélévation qu'on observe

---

(1) Nous basons nos comparaisons sur la différence des étiages entre plusieurs points de chaque fleuve, c'est-à-dire sur la différence des plus basses mers connues, bien qu'elles ne correspondent pas au même jour pour ces divers points. En faisant la comparaison d'une manière moins simple, nous aurions à enregistrer les différences suivantes concernant séparément une vive eau et une morte eau :

1° Vive eau......	Bordeaux — Verdon..............	+ $0^{m},50$
	Pauillac — Verdon	— $0^{m},25$
	Nantes — Saint-Nazaire............	+ $3^{m},50$
2° Morte eau.....	Bordeaux — Verdon..............	— $1^{m},10$
	Pauillac — Verdon................	— $0^{m},80$
	Nantes — Saint-Nazaire...........	+ $1^{m},80$

La surélévation de la basse mer, à Nantes, serait donc :

1° Comparativement à Bordeaux............	$3^{m},00$ vive eau.
	$2^{m},90$ morte eau.
2° Comparativement à Pauillac.............	$3^{m},75$ vive eau.
	$2^{m},60$ morte eau.

Les régimes des marées, aux deux embouchures, diffèrent peu.

Les unités de hauteur sont : $2^{m},39$ à Courdouan, $2^{m},64$ à Saint-Nazaire.

« A Nantes, dit M. Daussy, l'étiage correspond à peu près au niveau moyen de la marée » à l'embouchure. La marée ne paraît être que la moitié de sa grandeur réelle, puisque la » première moitié de la montée n'est employée qu'à atteindre le niveau du fleuve.

» Il n'en est pas de même dans la Gironde. Là se présente un autre phénomène : l'unité » de hauteur, qui, à Courdouan, n'est que de $2^{m},37$, est à Saint-Surin (3 lieues 1/2 en dedans), » de $2^{m},47$; à la Maréchale (7 lieues en dedans), de $2^{m},67$; vis-à-vis Blaye, de $2^{m},73$; enfin, » à Bordeaux, de $2^{m},55$. »

En fait, la marée-type (coëfficient 1) ne monte pas même, à Nantes, des $2^{m},64$ qu'admet M. Daussy ; tandis qu'à Saint-Nazaire la dénivellation atteint $5^{m},28$, et à Bordeaux $5^{m},10$ (le double de $2^{m},55$). — Voir l'ouvrage de M. Partiot sur le mouvement des marées dans la partie maritime des fleuves.

en amont de Bordeaux, dans la partie de la Garonne où l'étiage est au-dessus de celui du Verdon, est due à la régularité relative du fleuve, combinée avec le relèvement du fond; or, la Loire maritime, débarrassée de ses îles, serait plus régulière que la Basse-Garonne, et le fond resterait plus élevé à Nantes qu'à Paimbœuf.

La forme d'entonnoir, bien ménagée, que présente le Saint-Laurent, explique une partie de la surélévation de la marée à Québec, comparativement à la hauteur atteinte à l'embouchure. La même cause, réalisée moins complètement, produirait, à Nantes, un résultat analogue réduit à des proportions moindres. Nous compterons sur $0^m,50$ seulement (1).

L'absence actuelle de surélévation de la marée à Nantes, où l'étiage est si haut comparativement à celui de Saint-Nazaire, serait inexplicable, si l'on ne connaissait pas les obstacles qu'apportent les îles d'aval à la propagation du flot. Dans tout fleuve bien ouvert, le niveau absolu de la marée, vers l'amont de la partie maritime, est nécessairement plus élevé qu'à l'embouchure.

§ III.

Supprimer les entraves à l'emmagasinement du flot en amont de Nantes, tel est le troisième moyen proposé.

La règle générale adoptée pour la Loire maritime serait appliquée dans la traverse de Nantes, où l'on réduirait le fleuve proprement dit au seul bras de la Madeleine. Mais le pont qui franchit ce bras gênerait la propagation du flot, tant par la présence de ses piles massives que par celle des enrochements qui défendent ses fondations : il faudra le remplacer par un ouvrage mieux conçu. En même temps, on rectifierait la partie aval du bras, à partir du pont. Le nouveau tracé couperait la Prairie-au-Duc en écharpe, de telle manière que l'embouchure se présentât mieux pour recevoir la marée montante (2). Les îles Feydeau et Gloriette seraient enfermées dans un grand bassin à flot, qui baignerait également tout le quai de la Fosse et celui des Constructions. On n'aurait plus à se préoccuper de diriger les

---

(1) Dans l'avant-projet, on fait abstraction de cette surélévation. (Avril 1869.)

(2) Par motif d'économie, l'avant-projet se borne à régulariser le bras de la Madeleine, sans le rectifier. (Avril 1869).

eaux du jusant vers le bras Saint-Félix, et, par suite, on pourrait détruire le barrage établi dans ce but à l'entrée du bras de la Madeleine (1).

Les dragages à faire en amont de Nantes seront limités par un barrage, arasé au niveau convenable pour ne rien changer au régime fluvial. Une écluse pourvoira au service de la batellerie. On pourrait surmonter le barrage d'une partie mobile, comme à Decize, afin d'améliorer la navigation ordinaire ; d'autres barrages mobiles seraient échelonnés ~~jusqu'à Angers.~~ [illegible] .

CHAPITRE SECOND.

CONSIDÉRATIONS JUSTIFICATIVES.

Bassin à flot de Nantes. — La formation du bassin à flot de la rive droite réduirait au minimum les travaux à faire dans le port de Nantes, par suite de l'abaissement de l'étiage. On pourrait se borner aux dépenses suivantes (tandis que, sans bassin, l'abaissement de l'étiage entraînerait le remaniement général des ponts et des quais) :

---

(1) L'idée du bassin à flot n'est pas nouvelle, non plus que celle de la rectification à travers la Prairie-au-Duc.

Les ponts de la Poissonnerie, de la Bourse, de la Belle-Croix et Maudit seraient compris dans le bassin à flot. Le bras de Pirmil deviendrait un bassin secondaire ; on le fermerait par des digues submersibles, pour lui permettre de venir en aide au bras de la Madeleine pendant les crues.

Le niveau du bassin à flot de la rive droite varierait entre 2 et 3 mètres au-dessus du zéro actuel ($5^{m},68$ à $6^{m},68$ au-dessus du zéro de Saint-Nazaire). L'alimentation serait faite, en hiver par l'Erdre, et en été par les marées de vive eau. Ces marées s'élèveraient à Nantes, dans nos prévisions, à la cote $5^{m},80$ de Saint-Nazaire, soit $2^{m},12$ au-dessus du zéro local, lorsque la Loire fluviale serait à l'étiage. On voit que, dans les moments les plus défavorables, en l'absence de tout débit dans l'Erdre, on pourrait encore maintenir un niveau suffisant dans le bassin.

1° Construction d'un grand pont en charpente, à côté du pont de la Madeleine. — Démolition de celui-ci. — Etablissement ultérieur d'un pont définitif (piles minces très-espacées, travées métalliques) ;

2° Rectification du bras de la Madeleine, au-dessous du pont, et destruction du barrage d'amont ;

3° Digues insubmersibles du bassin à flot de la rive droite ; vannes de décharge et écluses ; estacades en charpente ;

4° Aménagement du bras de Pirmil.

Dépenses. — Les dépenses seront loin d'atteindre les chiffres dont il a été question pour la création d'une voie profonde en dehors du fleuve.

Le déblai de quelques îles sera moins coûteux qu'on ne le croirait au premier abord. La plus grande partie du volume à enlever est au-dessus de la basse mer, ce qui permettra de charger aisément les bateaux à clapets qu'on ira vider derrière les digues voisines, préalablement construites. On ménagera des entrées, dans des conditions telles que des courants à grande vitesse ne puissent pas s'établir entre les digues et les anciens rivages. Le sol des îles, étant en partie formé de sable fin, sera facilement affouillé lorsqu'une tranche supérieure sera enlevée et que des sillons seront ouverts longitudinalement. Les courants porteront à la mer les particules les plus ténues, comme ils font des limons amenés par les crues, et les autres matières se déposeront en dedans des digues, après avoir été promenées par le flot et le jusant (1).

Barre des Charpentiers. — L'introduction dans la Basse-Loire d'un volume d'eau plus

---

(1) Il entre moyennement en Loire, à chaque marée, environ 150,000,000^{mc} d'eau. C'est un instrument de travail dont on ne tire pas tout le parti possible. Après la suppression des bras secondaires, les frottements latéraux et les rencontres de courants n'absorberont plus autant de force vive, et les marées aideront les dragages dans l'œuvre de l'approfondissement du fleuve. Le profil en long se régularisera et les résistances passives seront réduites au minimum. Alors le flot se développera vers l'amont avec une ampleur qu'on n'oserait pas prévoir aujourd'hui.

Nous croyons utile de reproduire le passage suivant d'un Mémoire sur les travaux de la basse Seine :

« Depuis la construction des digues, une surface de 2,500 hectares a été soustraite au

considérable à chaque marée, et surtout une meilleure répartition de ce volume (la diminution d'aval étant balancée par l'augmentation d'amont), seraient des conséquences immédiates des travaux proposés.

Il est impossible de nier qu'en supprimant les entraves à la propagation du flot on n'augmente le total de l'emmagasinement. Dès-lors, l'instrument de travail ayant plus de puissance, les résultats seront proportionnellement augmentés. La barre ne pourra que s'abaisser, en même temps que la partie maritime du fleuve se transformera.

Régime des crues. — Le régime des crues serait amélioré au-dessus de Nantes, et les bas quartiers de cette ville ne seraient plus visités par l'inondation. A Bordeaux, le niveau de basse mer n'atteint pas 3^{m} lorsqu'il y a 7^{m} de crue à Castets, et le niveau de la haute mer n'est relevé que de $0^{m},80$, comparativement à ce qu'il serait en temps d'étiage. A Nantes, les crues ont la même importance que si la mer n'était pas à quelques lieues de distance,

---

séjour des eaux, ce qui représente $50,000,000^{mc}$ d'alluvions. Les terrains de nouvelle formation ne sont que le produit d'un déplacement des fonds du fleuve. S'il y a eu $50,000,000^{mc}$ de remblais, il y a eu $50,000,000^{mc}$ de déblais sur d'autres points. Ces déblais proviennent du chenal endigué, qui, creusé de 2 à 4^{m} *par les courants* sur $37,000^{m}$ de longueur et 400^{m} de largeur moyenne, a produit à lui seul les $50,000,000^{mc}$ accumulés derrière les digues. »

Ce document est déjà ancien ; la surface transformée en prairies dépasse aujourd'hui 8,000 hectares. Ces atterrissements sont trop considérables ; l'abaissement de l'étiage, qui s'est produit dans la partie inférieure des digues, ne suffit pas pour rétablir le volume de l'emmagasinement.

Voici une seconde citation relative aux travaux de la basse Seine. On la lira avec intérêt, bien qu'il s'agisse de circonstances non identiques à celles où nous nous trouvons :

« Dans la partie comprise entre Quillebeuf et Tancarville, les travaux ont été difficiles. Une vaste prairie s'était formée dans l'emplacement assigné par le projet au cours de la Seine. Pour la faire disparaître, on a appuyé la digue gauche contre les quais de Quillebeuf et on l'a construite en travers du lit à déplacer ; les érosions se sont produites en face, à mesure qu'on a prolongé la digue. Enfin, on a fait dans la prairie une tranchée dans la direction du nouveau lit. Quand le déversement se produisit d'un côté à l'autre du banc, le courant entraîna le sable et la rectification du fleuve fut opérée. »

et la hauteur maxima est de 6^{m} au-dessus du zéro de l'échelle, soit 6^{m},50 au-dessus de l'étiage. On peut compter sur une amélioration considérable après l'abaissement de celui-ci.

Nouvelles profondeurs d'eau. — Les travaux indiqués abaissant l'étiage de 2^{m} et relevant la marée de 0^{m},50, les 2^{m},90 de profondeur du chenal actuel, en morte eau ordinaire, se transformeront en un tirant d'eau de 5^{m},40 au moment de la haute mer (1).

En vive eau moyenne, on aura 6^{m},50 au lieu de 4^{m}.

Sables en mouvement. — Voici quelques observations sur cette question :

1° Les ouvrages se terminant à Paimbœuf et à Donges, aux rives naturelles, nous n'aurons pas, à proprement parler, d'extrémités de digues. Pour que des effets dommageables fussent à craindre, il faudrait que des bras irréguliers, encombrés d'îles, comme ceux qui existent aujourd'hui, fussent plus favorables au régime du fleuve qu'un bras unique et régulier. Ce serait prétendre qu'il est utile d'augmenter les frottements dans une machine, et d'user par des chocs de hasard les forces dont on veut utiliser le travail.

2° Les causes actuelles de désordre ayant disparu, le profil en long du nouveau chenal présentera moins d'inégalités que l'ancien, ce qui correspondra à une augmentation de la profondeur minima. Le nivellement du lit sera facilité par l'emmagasinement d'amont, qui augmentera le débit au moment de la basse mer en chaque point, c'est-à-dire au moment où l'effet sur le fond peut le mieux se faire sentir. Il faut remarquer qu'au-dessus de Nantes cet emmagasinement sera triplé en vive eau, et passera en morte eau d'une valeur à peu près nulle à plusieurs millions de mètres cubes.

3° Le volume qui s'ajoute chaque année aux sables de la Loire et de l'Allier est de 1,000,000^{mc} (2). Dans le même temps, 600,000^{mc} sont enlevés par les riverains, et 400,000^{mc} s'écoulent à la mer. Des expériences directes faites à Saint-Nazaire ont permis de constater l'existence du débit de sable, les volumes entraînés par le jusant et par le flot donnant une balance en faveur du premier.

---

(1) Ce calcul suppose l'égalité de profondeur sur les hauts-fonds au moment de basse mer. Il serait facile de soutenir qu'une différence existera au profit de l'état nouveau, et que par suite on obtiendra plus de 5^{m},40 en morte eau.

(2) Ces sables proviennent des berges. Le volume indiqué est celui qui échappe aux dépôts à proximité des éboulements, dépôts où le sable mélangé à la vase forme, sur les

Nantes et Pauillac. — Nantes n'est qu'à 52 kilomètres de la mer; c'est, à 4 kilomètres près, la même distance que pour Pauillac. On pourrait approfondir le lit de la Loire plus que nous ne le proposons, de manière que Nantes se trouvât dans les mêmes conditions que ce port, où l'étiage est à $0^m,25$ au-dessous de celui de l'embouchure. Il faudrait que l'abaissement fût à Nantes de $3^m,25$, puisque l'étiage local est actuellement à 3^m au-dessus de celui de Saint-Nazaire. La Loire maritime deviendrait alors un véritable golfe, où le mouvement de la marée s'opèrerait comme en pleine mer, sans être influencé par les crues. Je ne me suis pas arrêté à cette idée, parce qu'elle conduirait à une extension considérable des travaux.

Lac de Grand-Lieu. — L'abaissement de l'étiage, variant depuis zéro à l'embouchure jusqu'à 2^m à Nantes, aurait en chaque point du fleuve une valeur de plus en plus grande, à mesure qu'on s'approcherait de ce dernier point. De là résulteraient des facilités nouvelles pour l'assainissement des terrains bas. Les difficultés du dessèchement du lac de Grand-Lieu seraient amoindries, et cette grande opération deviendrait réalisable.

Résumé. — Les moyens proposés pour transformer la Basse-Loire se résument comme suit :

1° Réduction du lit à un bras unique, et suppression de toutes les entraves à la propagation du flot ;

2° Abaissement de l'étiage.

La fixation des berges et la régularisation du lit de la Loire fluviale et de l'Allier ne produiraient tout leur effet que dans un avenir éloigné. Ces opérations ne sont pas indispensables pour créer une voie profonde entre Nantes et la mer.

LECHALAS.

---

rives convexes, une surface presque égale à la surface détruite sur les rives concaves. Il a été reconnu que les graviers et les sables descendus des montagnes du bassin de la Loire s'arrêtent, à peu près en totalité, dans les cônes de déjection.

B

Note B.

LA SEINE ET LA GARONNE.

La Seine. — Le régime de la Seine maritime est dominé par la hauteur des bancs dans la partie aval, résultat de la nature des côtes voisines, de l'action de la lame et de l'orientation de l'embouchure. Le fleuve contribue peu à alimenter les alluvions. — La navigation souffrait cruellement des déplacements irréguliers, des désordres qui se produisaient autrefois jusqu'à une grande distance dans les terres. — Au-dessus des barres, la Seine formait comme un lac allongé, où la basse mer se maintenait très-élevée. La haute mer se nivelait sensiblement jusqu'à Rouen et au-dessus.

Ce qui nous frappe tout d'abord dans la Seine, telle que l'ont constituée des travaux récents, c'est le peu d'écartement des digues, comparativement à la largeur de la baie où l'on débouche. Des attérissements ont transformé en prairies, et réuni aux rivages voisins, toute la surface de l'ancien lit laissée en dehors de l'endiguement, jusqu'à Tanquarville et la Roque. — Il est regrettable qu'on ait diminué l'introduction du flot. Avec son volume d'emmagasinement, limité par l'insuffisant écartement des digues, il est à craindre que la petite rivière qu'on a faite ne divague dans l'immense baie. — L'exhaussement de la marée de morte eau s'ajoute à l'abaissement de l'étiage, pour atténuer la diminution de l'emmagasinement ; mais cela ne suffit pas, en présence d'une réduction de 8,500 hectares dans la superficie du bassin de réception.

Les hauts fonds se sont beaucoup abaissés entre les digues. Le profil en long ne présente que les variations ordinaires du thalweg de toutes les rivières, lorsqu'on passe de la mouille au maigre, du maigre à la mouille suivante, variations qu'il n'est possible d'atténuer qu'en resserrant les rives aux points convenables, sans s'écarter de la règle concernant la variation graduelle des courbures (1).

Si la mer ne s'abaisse pas aujourd'hui à Rouen autant qu'on aurait pu le croire, après la destruction des barres du chenal endigué, cela tient à l'insuffisance déjà signalée de l'écartement des digues. On passe d'une largeur moyenne de 250^m près Rouen à 500^m près Berville, soit un simple doublement pour plus de 100 kilomètres de longueur; si la ligne des étiages était sensiblement horizontale comme dans la Garonne, le lieu géométrique des pleines mers serait en forte pente vers l'intérieur, parce qu'il faut que d'une manière ou de l'autre l'emmagasinement se proportionne à l'écartement des digues.

La cote moyenne des basses mers de vive eau a été de 99,58 à Rouen en 1866 (en laissant de côté les époques de fortes crues), au lieu de 99,35 en 1861. Soit un abaissement de 0,23 seulement. Pour les mortes eaux, la différence est sensiblement nulle dans le port. L'abaissement n'est considérable qu'en approchant de l'extrémité des digues (vive eau : 1^m,23 à Quillebeuf et 1^m,30 à la Roque; morte eau : 1^m,06 au premier point, 1^m,03 au second). C'est un effet tout local, résultant de la suppression des barres intérieures par suite de l'endigue-

(1) Lorsqu'on appliquera ce système des rétrécissements graduels aux points d'inflexion de la partie maritime d'un fleuve, il conviendra de réduire au minimum l'entrave qui pourrait en résulter dans la propagation du flot. On établira d'abord les nouvelles rives sans se préoccuper de cette considération, puis on fera le resserrement local après coup au moyen de glacis en pente vers le thalweg, à niveau moyen se confondant avec celui de basse mer, tracés en plan suivant les règles ordinaires. On a fait dans la Loire maritime quelques rétrécissements qui ont assez bien réussi. Mais il conviendra de remplacer les ouvrages en bois, adoptés d'abord parce qu'il s'agissait d'un essai, par des ouvrages définitifs satisfaisant aux conditions ci-dessus. — La régularité relative du profil en long de la Seine semble indiquer qu'on peut adopter des longueurs très-grandes pour les *biefs*, c'est-à-dire pour la distance d'un point d'inflexion au suivant. Les emplacements des profondeurs maxima correspondant au flot diffèrent de ceux qui se rapportent au jusant (écarts de la mouille de part et d'autre du sommet) ; de là résulte un allongement des grandes profondeurs le long de la rive concave, et, par suite, un raccourcissement de la longueur sur laquelle se développent les deux rampes opposées, dont le maigre occupe le sommet. Il y a, en définitive, atténuation des inconvénients d'une grande longueur de bief.

ment; ce résultat n'a pu s'étendre à l'amont, parce que l'élargissement ne suit pas la loi d'accélération rapide, comme il le faudrait pour opérer une prompte vidange.

La haute mer de vive eau s'est abaissée de 0,17 à Rouen, mais la haute mer de morte eau s'est exhaussée dans ce port de $0^m,41$ depuis l'endiguement. C'est un avantage d'autant plus marqué que cet exhaussement est encore plus fort dans le reste de la rivière : 0,71 à Villequier, 0,80 à Quillebeuf, 0,68 à la Roque. — La pleine mer ne se nivelle pas de la Roque à Rouen ; à Duclair elle est de 0,40 à 0,50 au-dessous du niveau qu'elle atteint au premier point.

Le fort exhaussement de la marée de morte eau est d'une grande utilité pour la navigation. Celle-ci trouve aujourd'hui en moyenne $6^m,46$ en vive eau et $5^m,21$ en morte eau dans le plus mauvais passage. Tout serait pour le mieux si l'on ne constatait pas que l'influence du fleuve ne s'étend qu'à 5 ou 6 kilomètres dans la baie (1), qui d'ailleurs ne remplit pas les conditions d'une bonne embouchure. (Voir page 93.)

L'unité de hauteur, qui est de $2^m,68$ à Saint-Nazaire, atteint $3^m,57$ au Havre. Soit $5^m,36$ de montée totale en vive eau (Loire) contre $7^m,14$ (Seine). — Cette grande dénivellation de la marée atténue les périls de la situation.

Le port de Rouen, comme celui de Bordeaux, se trouve vers le sommet d'une courbe, du côté concave. Seulement la ville semble avoir empiété sur le lit de la Seine, en formant un bourrelet qui rétrécit la rivière d'une manière anormale.

La Gironde. — L'unité de hauteur est un peu plus petite à l'embouchure de la Gironde qu'à celle de la Loire, *mais elle reste sensiblement constante jusqu'à Bordeaux.* C'est l'horizontalité du lieu géométrique des basses mers, dans la Gironde et dans la Basse-Garonne, qui a fait pour nous la lumière dans la question de la transformation de la Basse-Loire. Les résultats obtenus dans la Clyde n'ont été exposés avec clarté que plus tard, dans un article déjà cité. Ces résultats prouvent (il paraît que cela avait besoin d'être prouvé) que si l'évolution régulière de la marée a lieu dans la Garonne-Gironde, sans pente dans la ligne fictive des étiages, cela peut avoir également lieu dans un autre fleuve, par suite de travaux de main d'homme. Auparavant il semblait, à entendre certaines personnes, qu'une divinité spéciale,

---

(1) « Il est aisé de comprendre que l'influence des digues cesse naturellement à quelques kilomètres de leur embouchure, et que les courants, abandonnés à la mobilité des bancs, y reprennent leurs capricieux détours. » (M. Emmery, 1862; rapport antérieur au dernier prolongement des digues, mais qui s'appliquerait aussi bien à l'état actuel.)

un génie qu'on appelait régime, pût seul permettre la production, au profit de Bordeaux, d'un fait déclaré contradictoire en lui-même ([1]). Auguste Comte n'aurait pas manqué de dire que la science des rivières à marées était encore à l'état théologique. « On suppose, dit Malebranche, qu'il y ait dans les corps quelques entités distinguées de la matière. N'ayant point d'idée distincte de ces entités, on s'imagine qu'elles sont les véritables causes des effets que l'on voit arriver. »

« Dans les marées de vive eau, dit M. Pairier, lorsque les eaux de la Garonne sont basses, la hauteur de la pleine mer va en augmentant légèrement du Verdon au bec d'Ambès et diminue ensuite jusqu'à Bordeaux, où elle se retrouve sensiblement à la même hauteur qu'au point de départ. Au-dessus de Bordeaux, la courbe de la pleine mer s'élève par une pente très-faible, qui devient un peu plus sensible à partir de Langoiran et est moyennement de 0,02 par kilomètre jusqu'à Mondiet. De là à Castets, la pente devient subitement de 0,25 par kilomètre, c'est-à-dire à peu près égale à celle de la rivière.

» La hauteur des basses mers de vive eau, lorsque la Garonne est voisine de l'étiage, diminue généralement un peu du Verdon à Pauillac. A partir de Pauillac, les courbes s'élèvent et leur inclinaison augmente progressivement. La différence entre la basse mer *de vive eau* à Pauillac et à Bordeaux a été moyennement de 0,68.

» En morte eau, lorsque les eaux de la Garonne sont très-basses, la pleine mer s'élève plus haut au Verdon qu'à Pauillac. Elle se maintient ensuite à peu près à la même hauteur jusqu'à Bordeaux. A partir de ce port, elle s'élève successivement, en décrivant des courbes à peu près parallèles à celles des pleines mers de vive eau.

» *Les basses mers de morte eau présentent également un abaissement à partir du Verdon, mais il est beaucoup plus marqué que pour les pleines mers, et il s'étend jusqu'à Bordeaux.*

» En résumé :

» 1° Dans les basses eaux de la Garonne, il n'y a pas de différence sensible entre le niveau de la pleine mer à Bordeaux et à l'embouchure de la Gironde;

([1]) Nous nous tenons bien au-dessous de l'horizontalisation des basses mers constatée, pour la Gironde et pour la Clyde, dans les documents dont nous disposons; certaines erreurs dans les nivellements (à supposer qu'il y en eût) ne détruiraient donc pas l'autorité de ces précédents. En tous cas, il n'y a aucun doute possible sur ce fait : une dénivellation moyenne aussi grande à Bordeaux qu'au Verdon.

» 2° Le niveau des basses mers de syzygie est plus élevé à Bordeaux qu'au Verdon; mais le contraire a lieu, *et d'une manière beaucoup plus marquée,* dans les basses mers de quadratures;

» 3° En somme, LE NIVEAU MOYEN, RÉSULTANT DE LA MOYENNE DE TOUTES LES HAUTES ET BASSES MERS OBSERVÉES PENDANT DIX ANNÉES CONSÉCUTIVES, N'EST, MALGRÉ L'INFLUENCE DES CRUES DE LA GARONNE, QUE D'ENVIRON 0^m,30 PLUS ÉLEVÉ A BORDEAUX QU'AU VERDON. »

La dénivellation moyenne de la marée est de 4^m à Bordeaux, de 1^m,20 à Nantes. Et cependant, l'unité de hauteur est plus grande pour Saint-Nazaire que pour le Verdon. — Le niveau moyen de la basse mer est, à Bordeaux, inférieur à ce qu'il est au Verdon, en ne comptant pas les jours de crues notables; celui de Nantes est supérieur de 3^m environ au niveau moyen de Saint-Nazaire.

Les travaux à faire au-dessous de Bordeaux sont loin de présenter les mêmes difficultés que les travaux à entreprendre dans la Loire. Il y a cependant une complication sérieuse: la Dordogne.

Si nous représentons le profil longitudinal qu'affecte la Gironde-Garonne, un jour de vive eau et la rivière étant à l'étiage:

1° Lorsque la mer est haute au Verdon ($ABIC$), 2° Lorsqu'elle est basse au même point ($A'ID$), nous voyons que pendant le jusant l'écoulement à la mer correspond au volume AIA' moins le volume DIC, plus ce que la Garonne a fourni

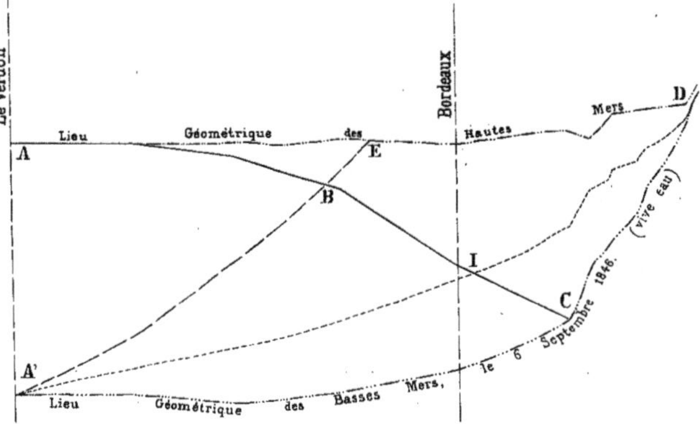

en D pendant la marée descendante. — Faisons pour un moment abstraction du débit fluvial, pour simplifier le raisonnement. Nous voyons que $A\ B\ C\ A'$ représente le maximum d'emmagasinement dû au phénomène de la marée et $A'I\ D\ C$ le minimum ; la différence précédemment indiquée est la même que celle qui existe entre ces quantités. Si toutes les marées se ressemblaient, cette différence correspondrait à la partie variable d'une sorte de lentille qui oscillerait dans le bas du fleuve ; la partie constante de ce poids serait $A'I\ D\ C$. — Relevons par la pensée le lieu géométrique des basses mers en $A'E$, pour lui donner une position analogue à celle qu'il affecte dans la Loire, nous voyons que les deux poids ci-dessus : la partie constante et la partie variable de la lentille, seront forcément amoindris dans une effrayante proportion. Non-seulement la dénivellation diminuera, mais encore, à perfection égale dans le tracé des rives et toutes choses équivalentes d'ailleurs, la profondeur sous basse mer sera moindre, l'instrument de travail qui l'entretient ayant moins de puissance. L'oscillation entraîne celle du volume d'eau existant au-dessous du lieu géométrique des basses mers, et, dans une certaine mesure, celle des alluvions.

Ces considérations très-simples porteront, croyons-nous, la conviction dans les esprits. On comprendra, d'une manière nette et définitive, *on verra*, pour ainsi dire, que l'abaissement de l'étiage est le seul moyen sérieux d'améliorer la navigation d'une rivière à marée, puisqu'en même temps qu'il augmente la partie mobile du tirant d'eau (la dénivellation), il offre le moyen d'augmenter la partie fixe (la profondeur sous basse mer). — Cet abaissement de l'étiage jouit des propriétés suivantes :

1° Il rend possible la concentration des grandes crues annuelles dans le bras principal, sans trop exhausser les digues séparatives des autres bras (ce qui offrirait des dangers au point de vue de l'écoulement des crues exceptionnelles) (1) ;

2° Il augmente l'emmagasinement des marées, seul moyen de maintenir des profondeurs beaucoup plus grandes que dans la partie fluviale.

Nous devons noter une circonstance spéciale à la Basse-Garonne ; c'est l'influence peut-être mauvaise, au point de vue de la partie en aval de Bordeaux, des travaux d'endiguement compris entre Castets et ce port. Il y a eu là des rétrécissements considérables, et comme la marée pénétrait sérieusement, l'abaissement de l'étiage n'a pas compensé les pertes

---

(1) Le niveau absolu du fond de la rivière est d'autant plus bas que l'étiage est plus abaissé ; par conséquent, on peut d'autant plus retarder le moment où le volume de la crue se partage entre plusieurs bras.

d'emmagasinement produites par la diminution des largeurs. C'est un cas tout différent de celui qui concerne Nantes, puisque la marée ne pénètre jamais sérieusement au-dessus de ce port, et qu'elle ne le fait d'une manière appréciable que lorsque les eaux sont très-basses, etc., etc.

Voici ce que dit M. Pairier sur l'abaissement de l'étiage au-dessus de Bordeaux : « Quant à la diminution du volume d'eau introduit par le flot, on ne saurait nier qu'en encaissant le lit et en fermant des bras, qui s'ensablent presque immédiatement, on n'ait réduit la capacité du réservoir rempli chaque jour par la marée. Or, les eaux qui arrivent dans la partie supérieure de la région maritime, sont précisément celles dont l'effet est le plus utile pour l'approfondissement des passes. Il est vrai que, par compensation, les travaux de la Garonne, en approfondissant le lit et, en abaissant les seuils, ont eu pour résultat de reculer la limite de l'ascension du flot, et surtout d'augmenter l'amplitude de la marée aux ports intermédiaires. Ainsi, l'abaissement de l'étiage, et, par suite, l'accroissement de l'amplitude de la marée, ont été, d'après les nivellements de M. l'ingénieur Jaquemet, à Rions de $1^m,12$, à Cérons de 0,77, à Langon de 0,42 et à Castets de 0,17. » On lit ce qui suit dans un autre document : « La partie de la Garonne comprise entre Castets et Langoiran (34 kilomètres) a éprouvé, sous l'influence des travaux exécutés depuis 1834, un abaissement d'étiage qui est, en moyenne, de 0,42. *On ne cherchait pas ce résultat.* L'abaissement se poursuit encore, sur certains points ; de plus, il continue à se propager graduellement vers l'amont. Il en est résulté, pour le régime du fleuve et des affluents, des modifications, les unes heureuses, les autres fâcheuses. »

Note C.

LES FORMULES.

L'hydraulique est une science peu avancée; il n'est guère permis, par conséquent, de renvoyer à des formules sans donner quelques explications. Sans cela, on s'expose à de singuliers malentendus, si le lecteur ignore les hypothèses implicitement faites.

Exemple :

Je lis dans un mémoire publié en 1868, par un Ingénieur jouissant d'une réputation méritée, ce qui suit : « Si, en un point A d'une rivière, on diminue la largeur de la section d'écoulement, un débit D, qui auparavant donnait lieu à une hauteur d'eau H, produit alors une hauteur H', plus grande que H. Si L et L' sont les deux largeurs de la section d'écoulement, avant et après le resserrement du lit, on a pour valeur de la nouvelle hauteur H' :

$$H' = H \sqrt[3]{\frac{L^2}{L'^2}}$$

Cette formule est établie en admettant que D soit constant, ou, en autres termes, que le débit soit permanent. »

Notons qu'il s'agit d'une rivière à fond mobile, et l'on comprendra qu'on puisse douter qu'il n'y ait pas quelque hypothèse, plus ou moins exacte, cachée sous cet énoncé.

L'auteur dit plus loin qu'il emploie la formule simplifiée des Ingénieurs italiens, autrement dit la formule de Chézy :

$$H I = b U^2 .$$

Ecrivant cette équation pour les deux cas considérés, et remplaçant U^2 par ses valeurs en fonction de L et de H, de L' et de H', on a :

$$H\,I = \frac{b\,D^2}{L^2 H^3} \text{ et } H'I' = \frac{b\,D^2}{L'^2 H'^3};$$

égalant les deux valeurs de $b\,D^2$, on trouve :

$$H' = H \cdot \sqrt[3]{\frac{L^2}{L'^2}} \cdot \sqrt[3]{\frac{I}{I'}}$$

Ainsi, non-seulement on se sert de la formule de Chézy, ce qui est peut-être un peu téméraire après les travaux de MM. Darcy et Bazin, mais encore on suppose que la pente reste la même, lorsqu'on passe de la largeur constante L à la largeur constante L'. Il n'est pas permis de faire cette hypothèse.

L étant modifié et non le débit total, le débit d par mètre courant de largeur n'est plus le même. La formule de Chézy pouvant se mettre sous la forme $I = \frac{b\,U^3}{d}$, et U tendant à revenir à une certaine valeur (en rapport avec la résistance du fond), on voit que I diminuera graduellement; si la nouvelle valeur du débit ne change pas avant que l'effet n'ait eu le temps de se compléter, un moment viendra où le doublement de d aura produit le dédoublement de I. On serait alors arrivé à un équilibre stable; un rapide existerait à l'emplacement de tout obstacle (radier de pont, fond de roche), mais, dans chaque bief, le fond mobile aurait été affouillé jusqu'à réduction de I à la moitié de sa valeur primitive.

Souvent les choses n'arriveront pas à ce point, mais il est toujours dangereux de ne pas indiquer le vrai sens des changements qui tendent à se produire ; il est essentiel de comprendre où l'on irait, si la durée ne manquait pas au phénomène pour achever son évolution. Prenons garde de donner la fixité à l'élément qui ne la comporte pas (I), sous prétexte que celui qui comporte un retour à sa valeur ancienne (U) n'aurait pas le temps nécessaire; une pareille interversion des rôles ne pourrait que vicier nos conclusions. — On remarquera d'ailleurs qu'on vient de raisonner sur un cas infiniment plus simple que la réalité ; les apports de sable, les variations des débits et des largeurs rendent, en réalité, très-épineuse l'étude des rivières à fond mobile; si nous nous sommes décidés à exposer nos idées, dans le rapport ci-dessus, c'est dans l'espoir de provoquer des recherches nouvelles.

On s'est quelquefois servi de $H' = H \sqrt[3]{\frac{L^2}{L'^2}}$ pour comparer les profondeurs, dans une rivière à fond mobile et à largeurs variables, au moment d'un débit D, égal pour les diverses sections considérées. — Cela n'a pu conduire qu'à des résultats erronés, puisque la supposition implicite de l'égalité des I n'est pas fondée. Il suffit de jeter les yeux sur le profil longitudinal de la Loire pour reconnaître que l'élément le plus impressionnable est la pente. En effet, je trouve qu'entre la Maine et la Loire maritime (seule partie dont j'aie le profil sous les yeux) les chûtes kilométriques varient de 1 centimètre à 44 centimètres. Les valeurs extrêmes de la pente diffèrent bien plus encore, en réalité, comme on le verrait si l'on relevait les cotes de 100 en 100 mètres, de 10 en 10 mètres. — On sait que les sections sont loin de varier dans de telles proportions (pour une valeur donnée du débit) d'un profil à l'autre. Donc il en est de même de $U = \frac{D}{S}$. — Or, voici la conséquence : puisque l'élément le moins variable est la vitesse, ou ce qui revient au même la section, les égalités les moins fausses, pour la rivière régularisée, seraient celles-ci : $H\,I = H'\,I'$, d'où $H' = H \times \frac{I}{I'}$ et $L\,H = L'\,H'$, d'où $H' = H \cdot \frac{L}{L'}$. — La grande variation des I dans la Loire dépend de la présence d'obstacles de toutes sortes, du doublement, du triplement brusque de la largeur, etc. Mais l'équation $H\ I = H'\ I'$ ou $L'\ I = L\ I'$ réduit les changements à ce qu'ils seraient, dans le cas d'un débit constant, si l'on respectait le principe de la variation graduelle des largeurs. A égalité des U, le doublement de L conduit à $H' = \frac{H}{2}$ et à $I' = 2\ I$. — Tous ces résultats s'éloignent considérablement du régime actuel, parce que les infinis désordres du tracé, les variations brusques de la largeur, rendent absolument inapplicables toutes les formules.

Avant d'aller plus loin, remplaçons la formule de Chézy par celle de M. Bazin, avec les coëfficients applicables aux rivières. La supériorité de cette équation est aujourd'hui reconnue, comme le démontre notamment un renseignement que nous empruntons à l'un des ouvrages de M. l'ingénieur Fournié : « Nous pouvons citer, comme vérification intéressante, le fait suivant : le service de la navigation de la Meuse améliore cette rivière en aval de Verdun au moyen de lits d'étiage, établissant des chenaux navigables que la rivière creuse elle-même, jusqu'à ce qu'il se forme un état nouveau de régime. Il est de la plus haute importance d'être en état de prévoir avec exactitude, pour un écartement donné des digues, l'approfondissement du chenal et le nouveau profil en long de la rivière en eaux ordinaires. Or, l'expérience avait conduit les ingénieurs de ce service à frapper d'un coëfficient égal à 0,72 le résultat de la formule de Prony. — L'application de la formule Bazin a donné un résultat identique à celui de l'expérience. » Il est à croire qu'on admet une certaine valeur de I (égale à l'ancienne pente moyenne, entre deux points choisis un peu arbitrairement), car sans cela le problème serait indéterminé et la prévision annoncée impossible, à moins qu'on n'adoptat la méthode exposée ci-dessus (*Loire fluviale*).

Nous écrirons donc, en remplaçant le rayon moyen par la profondeur (n'ayant à nous occuper que d'une rivière où celle-ci est très petite, comparativement à la largeur) :

$$\frac{HI}{U^2} = 0{,}00028 + \frac{0{,}00035}{H} \quad \ldots\ldots\ldots\ldots (1)$$

Traduisant en équation la définition de la vitesse moyenne, on a cette seconde relation :

$$D = L.\ H.\ U \quad \ldots\ldots\ldots\ldots\ldots\ldots (2)$$

Le régime d'une rivière à fond mobile n'acquiert quelque stabilité que lorsqu'on se maintient assez longtemps autour d'un certain débit, de telle manière que l'équilibre s'établisse entre la résistance au mouvement des matières qui tapissent le lit et la vitesse au fond W. On se rapprochera d'autant plus de la réalité, dans les prévisions sur les résultats de travaux projetés, qu'on choisira mieux les débits pour lesquels l'égalité de W peut être admise, dans les divers profils de la section de rivière considérée.

M. Bazin a donné la vitesse en un point quelconque d'une verticale, en fonction de la vitesse maxima V.

$$v = V - 24\ .\ \sqrt{HI}.\left(\frac{h}{H}\right)^2$$

h étant la profondeur, au-dessous de la surface, de la molécule animée de la vitesse v. Lorsque $h = H$, cette équation devient : $W = V - 24\ .\ \sqrt{HI}$.

On a aussi : $V = U + 14\ .\ \sqrt{HI}$

Egalant les deux valeurs de V, on obtient l'équation :

$$W = U - 10\ .\ \sqrt{HI} \quad \ldots\ldots\ldots\ldots\ldots (3)$$

de même, pour une seconde section de rivière : $W = U' - 10\ .\ \sqrt{H'I'}$, et par conséquent :

$$U - 10\ .\ \sqrt{HI} = U' - 10\ .\ \sqrt{H'I'} \quad \ldots\ldots\ldots (3\ bis)$$

H, I et U seront calculés au moyen des équations (1), (2) et (3), lorsqu'on connaîtra D, L et W.

On peut dire, d'une manière générale, que trois des six quantités H, I, U, D, L, W, étant données, les formules permettront de calculer les autres, pour toute partie de rivière où les largeurs ne varieront pas brusquement (les coëfficients de (1) ont été déterminés au moyen d'observations sur des parties de rivières et sur des cours d'eau qui n'étaient pas parfaitement réguliers, mais ne présentaient de changements brusques sous aucun rapport).

Si l'on connaît les circonstances de l'écoulement dans une partie de rivière à fond mobile, que peut-on prévoir pour une autre où D sera le même, mais où L deviendrait L' ?

Nous avons montré qu'alors on peut remplacer (3) par : $U - 10\ \sqrt{HI} = U' - 10\ \sqrt{H'I'}$, et comme D, H, I, U sont connus, les équations (1), (2) et (3 *bis*) détermineront trois des quatre variables H' I' U' L', lorsqu'une seule sera donnée. Ce procédé de calcul repose sur l'hypothèse de l'égalité des vitesses de fond, conséquence d'une résistance uniforme à l'entraînement. Cette hypothèse se réalisera d'autant plus complètement que la crue aura plus de durée ; mais l'arrivage de nouveaux sables complique la situation, surtout lorsqu'il y a de grandes variations dans les largeurs. Dans une rivière régulière, on arriverait réellement à l'égalisation des W, et cette égalisation correspondrait à la valeur limite (0,55 dans la Loire), pour un état de la rivière où des débits moyens se maintiendraient longtemps à la suite d'une grande crue, qui aurait fait des fouilles profondes, aux points de rencontre du chenal avec les lignes de plus grande pente des eaux débordées. — Il est essentiel de mentionner la condition d'un enlèvement préalable de toutes les parties exceptionnellement résistantes. Si l'on base des calculs non sur l'égalisation des vitesses dans les divers profils, mais sur la conservation de celles qu'on observe en chaque point, pour un débit donné, l'état nouveau, après régularisation du tracé et dragage des fonds les moins mobiles, donnera plus de profondeur qu'on n'en aura prévu dans l'emplacement de ces derniers.

Le texte du rapport comprend l'étude des conditions d'écoulement de plusieurs débits dans la Loire, car il faut considérer successivement plusieurs états de la rivière.

Nous sommes maintenant en mesure de compléter nos observations, au sujet de la formule $H' = H \sqrt[3]{\frac{L^2}{L'^2}}$, adoptée par un auteur pour le cas d'un débit constant D, et d'une variation de largeur en un point du fleuve — ou, ce qui revient au même, pour comparer les profondeurs dans deux sections différentes, le principe de la variation graduelle des largeurs étant respecté.

On a vu que cette équation suppose *implicitement* $I = I'$. — Nous savons qu'*avec un débit constant*, dans une rivière à fond mobile, on peut poser l'équation (3) avec une valeur déterminée de W ; les trois équations ne renferment plus que quatre variables H, U, I, L, et l'on en calcule trois si l'une est connue. Par conséquent, après s'être donné L pour un profil, on trouvera la pente. Notre auteur suppose qu'on change alors L en L', *et il conserve le même* I, tandis que la nouvelle pente I' peut être calculée.

Lorsqu'on voudra connaître le profil en long correspondant à des valeurs données de W et de D, il faudra calculer I pour la largeur L adoptée en un certain point ; on pourra ensuite se donner I' (de manière, s'il y a lieu, que la moyenne des pentes corresponde à la moyenne ancienne) et calculer L'. — Nous indiquons le principe, on verra ailleurs les développements ; mais il ne faut pas se lasser de répéter que, la constance de D étant une fiction, le problème se complique extraordinairement en réalité ; l'Ingénieur aura donc besoin de toute sa sagacité pour passer des formules générales à une application particulière.

L'auteur de la *Navigation des rivières à marées* dit que « l'accroissement de profondeur ne » peut être suivi que d'une diminution de vitesse. » On paraît s'être basé, pour arriver à cette conclusion, sur la formule : $D = L. H. U.$ En supposant l'invariabilité de la largeur et du débit, on voit en effet que si H augmente U diminue. Mais il faut remarquer que $I = U^2 \left(\frac{a}{H} + \frac{b}{H^2}\right)$, c'est-à-dire que I diminue lorsque H augmente si U reste constant; or, la constance de U cesse d'être contradictoire avec l'accroissement de la profondeur, malgré l'invariabilité de L, dans le cas d'une rivière à marée, parce qu'alors l'accroissement du débit est une conséquence directe de la diminution de I. Par conséquent, en abaissant l'étiage on fait ce qui convient pour approfondir une rivière à marée, sans altérer les vitesses et par suite sans danger de retour à l'ancien état de choses. C'est ce que nous ferons dans la Loire. Dans la Clyde, le barrage limite des Ingénieurs anglais étant à Glascow même, des dragages annuels sont nécessaires, comme il en faudrait ici si nous voulions envoyer les grands navires à Bellevue, ou si nous placions le barrage au fond du port de Nantes.

De l'équation : $v = V - 24 \sqrt{H I.} \left(\frac{h}{H}\right)^2$, on tire : $\frac{dv}{dh} = -48 \frac{h. \sqrt{I}}{\sqrt{H^3}}$

Comme la résistance au mouvement, produite par la cohésion, est proportionnelle à $\frac{dv}{dh}$ (Navier), on voit que la quantité de travail moteur absorbée par les actions moléculaires sera minima pour les petites valeurs de I combinées avec les grandes valeurs de H.

Dans une rivière divisée en biefs, on dépensera donc peu en route ordinaire. Il le fallait bien, car on dépense presque tout dans les chutes. Dans une rivière à marée et à fond mobile la réduction de la pente (c'est à dire l'abaissement de l'étiage vers l'amont) devra se combiner avec le maintien de la vitesse $U = \frac{D}{L.H} = \frac{d}{H}$; l'augmentation de H sera en rapport avec l'accroissement du débit par mètre courant de largeur (d), ou en autres termes avec l'augmentation de l'emmagasinement et la diminution de la largeur du bras principal. Mais les digues devront se relier graduellement aux rives, en arrivant dans la partie où domine le régime marin. Il faudra tenir compte aussi des nécessités relatives à l'écoulement des crues exceptionnelles. — On voit que la complication du phénomène exigera une discussion serrée, dans chaque cas particulier.

On a proposé, pour divers points de la Loire, des formules empiriques qui donnent les débits en fonction des hauteurs aux échelles. L'équation suivante peut être employée, depuis $0^m,50$ jusqu'à 4^m au-dessus de l'étiage, à Mauves : $D = 250. \sqrt{(h + 0,43)^3}$. La hauteur h est comptée à partir de l'étiage réel ($- 0^m,40$ à l'échelle),

---

Chaque mètre cube de sable, transporté de la Maine à la partie maritime, correspond à $63,000^{mc}$ d'eau tombant de 12^m. Les $400,000^m$ qui passent devant la Maine n'arrivent pas à Mauves dans l'année ; il y a deux mouvements de translation, l'un rapide (suspension), l'autre lent (roulement), en vertu desquels les $400,000^{mc}$ se sont avancés de quantités variables, pendant qu'un volume égal, provenant de lieux divers, franchissait la limite fluviale.

Mais, au point de vue du travail total, cela revient au même que si les $400,000^{mc}$ défilés devant la Maine avaient seuls marché et avaient marché de $75,000^m$. — Cent voyageurs vont d'Angers à Nantes en grande vitesse, cent autres d'Angers à Ancenis, et cent d'Ancenis à Nantes en train omnibus ; c'est en somme le même déplacement que si deux cents voyageurs avaient fait le parcours total.

Nous trouvons dans un article de M. Gauckler (Annales, 1868), des considérations qui seront lues avec intérêt. Cet ingénieur propose les formules $\sqrt[4]{U} = b \sqrt[3]{H}. \sqrt[4]{I}$ et $U = a \sqrt[3]{H}. \sqrt[4]{I}$, et montre que la première cadrerait avec les résultats de l'observation pour les pentes inférieures à 0.0007, et la seconde pour les pentes supérieures. Puis il ajoute :

« Pourquoi une certaine formule représente-t-elle le mouvement de l'eau dans les canaux et rivières jusqu'à une certaine pente, et ne le peut-elle plus au-delà ? L'eau aurait-elle deux manières de se mouvoir ? L'expérience semble l'affirmer. Les canaux d'expérience de MM. Darcy et Bazin ont toujours de fortes pentes, malgré les changements du rayon moyen. La pente superficielle de l'eau semble déterminée par celle du lit ; elle est la même que cette dernière et persiste, invariable, quelle que soit l'épaisseur d'eau qui passe dans le canal. Les vitesses étant différentes sur la même verticale, on conçoit que la molécule animée de la vitesse la plus grande dépasse celle qui lui est immédiatement inférieure, et (obéissant aux lois de la pesanteur), vienne se placer devant cette dernière, en roulant sur elle en quelque sorte.

» Mais comme le même phénomène doit se produire pour toutes les molécules, la molécule de vitesse *maxima* doit aller heurter le fond, en suivant une courbe que l'état actuel de la science ne permet pas de déterminer. Le mouvement consiste en un roulement de molécules les unes sur les autres; toutes vont successivement toucher le fond, d'où elles sont renvoyées à la surface en vertu de leur élasticité. — Dans les canaux à pente faible, nous voyons au contraire les inclinaisons varier d'une manière indépendante de la pente du fond, et avec le rayon moyen. Les molécules semblent se mouvoir en vertu de la pression qu'elles éprouvent de la part des molécules d'amont, un peu plus forte que celles qu'exercent les molécules d'aval en sens contraire. On dirait que l'eau se partage en couches d'égale vitesse et que les molécules progressent par glissement ou roulement horizontal, et non par roulement en ligne courbe. L'expérience semble confirmer ces hypothèses. Tout le monde a pu observer que les corps qui flottent, immergés dans les courants rapides, paraissent alternativement à la surface et plongent ensuite vers le fond, tandis que dans les rivières à petites vitesses ils paraissent se mouvoir parallèlement à la surface, en conservant leur profondeur relative.

» Dans le premier cas, la vitesse est proportionnelle à la racine carrée de la pente, dans le second, à la pente elle-même, et comme les pentes sont toujours inférieures à 1, il s'ensuit que le mouvement qui procède par roulement est plus rapide que celui qui procède par glissement. Aux points où la pente des crues passe du premier au second, il se produit une perturbation qui les expose particulièrement aux périls des inondations. »

Nous avons employé la formule de MM. Darcy et Bazin, généralement adoptée aujourd'hui; on doit remarquer que, *pour les rivières,* les coëfficients ont été calculés à l'aide d'observations où la pente était presque toujours inférieure à la limite dont parle M. Gauckler. Du reste, les variations respectives de U, H et I se produisent dans le même sens, qu'on suive les formules de celui-ci ou l'équation (1); on pourra s'en convaincre en élevant les première à la puissance 4, et en divisant ensuite les deux membres par $\sqrt[3]{H}$.

Le roulement des molécules liquides a lieu pour toutes les vitesses. Il n'est pas lié à la pente seule, mais à la pente et à la profondeur, ou à la profondeur et au débit par mètre courant de largeur du lit :

$$V - v = 24 \sqrt{H.I}\left(\frac{h}{H}\right)^2, \frac{dv}{dh} = -48 \frac{h. \sqrt{I.}}{\sqrt{H^3}};$$

Près du fond :

$$\frac{dv}{dh} = 48. \sqrt{\frac{I}{H}} = 48. \sqrt{\frac{a}{H^4} + \frac{b}{H^5} \cdot \frac{D}{L}} = 48. \frac{U}{H} \sqrt{a + \frac{b}{H}}$$

Dans les rivières à fond mobile, le phénomène dépend aussi de la densité et de la grosseur des sables ou graviers (1); dans les autres, de l'état de la surface.

---

(1) La régularité des transports dépend de l'uniformité de $\frac{I}{H}$. Ils sont plus considérables dans certaines phases des crues que dans d'autres. — Ces questions mériteraient d'être traitées avec plus de détail, et les indications de la page 17 du texte auraient besoin d'être contrôlées.

NOTE D.

LA LAME.

Si, dans un gros temps, on suit attentivement la crête de la lame qui déferle, on s'aperçoit que cette crête de lame, au lieu de rester à la surface, pénètre profondément dans la masse fluide. Si on considère de plus l'obliquité du plan liquide qui forme la lame et qui reçoit l'impulsion du vent, on est conduit à admettre que la masse d'eau qui la compose prend tout à la fois un mouvement horizontal et un mouvement vertical de haut en bas sous la pression du vent qui la pousse. Ce mouvement de haut en bas donne forcément lieu à un mouvement de bas en haut dans le creux de la lame où l'action du vent ne se fait point sentir : de là un mouvement circulaire à peu près sur place, mais *qui peut être très-rapide sans qu'il y ait une grande vitesse de translation.* Chaque lame peut être considérée comme un cylindre tournant sur lui-même, et dont l'axe est animé en même temps d'un faible mouvement de translation dans le sens du vent. La surface de la mer est alors représentée par une série de cylindres parallèles tournant sur eux-mêmes. Le navire qui flotte au-dessus de ces cylindres est aussi bien entraîné par le mouvement circulaire que par le mouvement de translation des cylindres, et si le courant que ses observations signalent est de 3 nœuds à l'heure, ce courant peut être le résultat d'un mouvement circulaire sur place de 2 nœuds et d'un mouvement de translation de 1 nœud.

Cette manière de considérer les courants dérivés de surface explique la rapidité avec laquelle ces courants prennent naissance sous l'impulsion du vent et la rapidité plus surprenante encore avec laquelle ces courants disparaissent, sitôt que le vent est tombé.

La force vive de la masse d'eau mise en mouvement horizontal par un coup de vent battant en côte fait à peine monter de quelques décimètres le niveau de l'eau sur cette côte, alors que le courant porte sur elle avec une vitesse de 2 et 3 nœuds. C'est que ces 2 ou 3 nœuds de vitesse ne sont pas la vitesse horizontale seule, mais la somme des vitesses circulaire et horizontale produites par le vent. (SAVY.)

Nantes, Imp. de Mme Ve C. Mellinet, pl. du Pilori, 5.

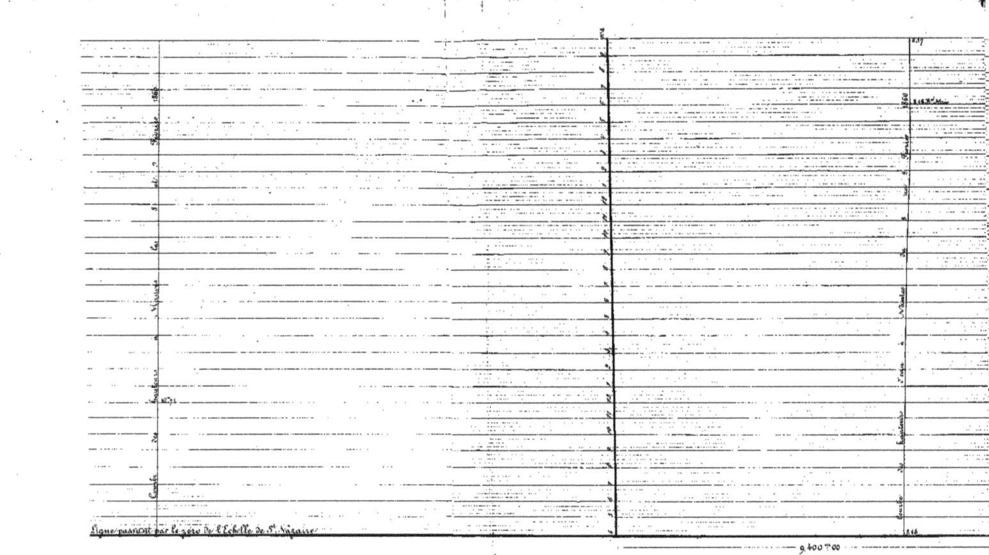

Echelle des distances 0m00002 pr Mètre $\frac{1}{50.000}$

Mauves

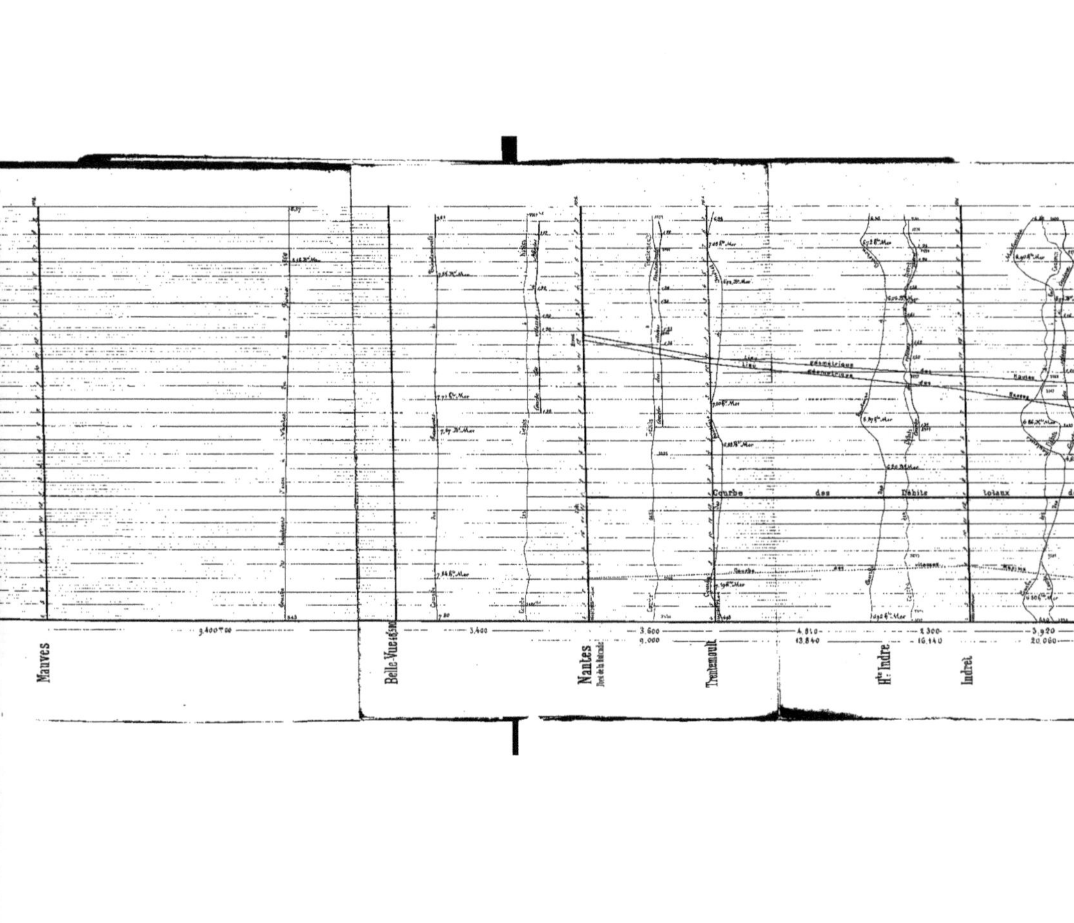
Mauves
Belle-Vue
Nantes
Trentemoult
Hte Indre
Indret
Courbe des Débits totaux de
3,400
3,600
9,000
4,840
13,840
2,300
16,140
3,920
20,060

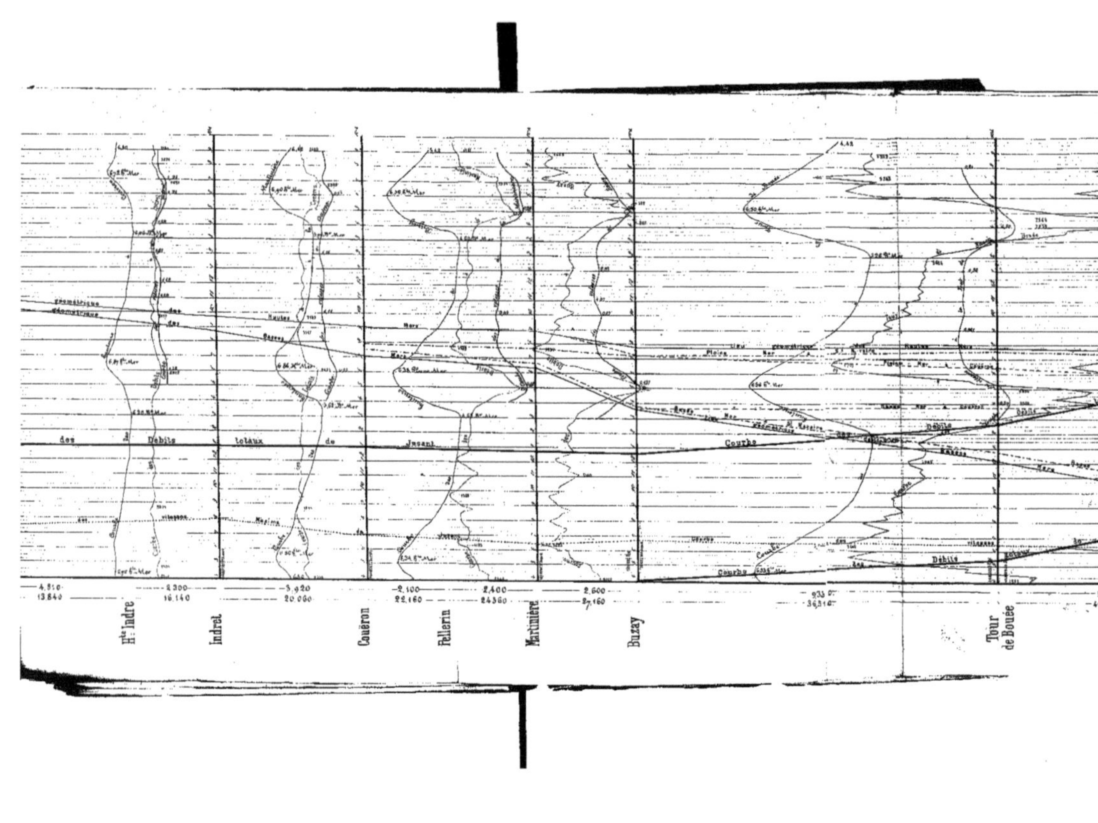

des Débits totaux de Jusant
Courbe
4.810
13.840
2.300
16.140
3.920
20.060
2.100
22.160
2.400
24.360
2.600
27.160
Hte Indre
Indret
Couëron
Pellerin
Martinière
Buzay
Tour de Bouée

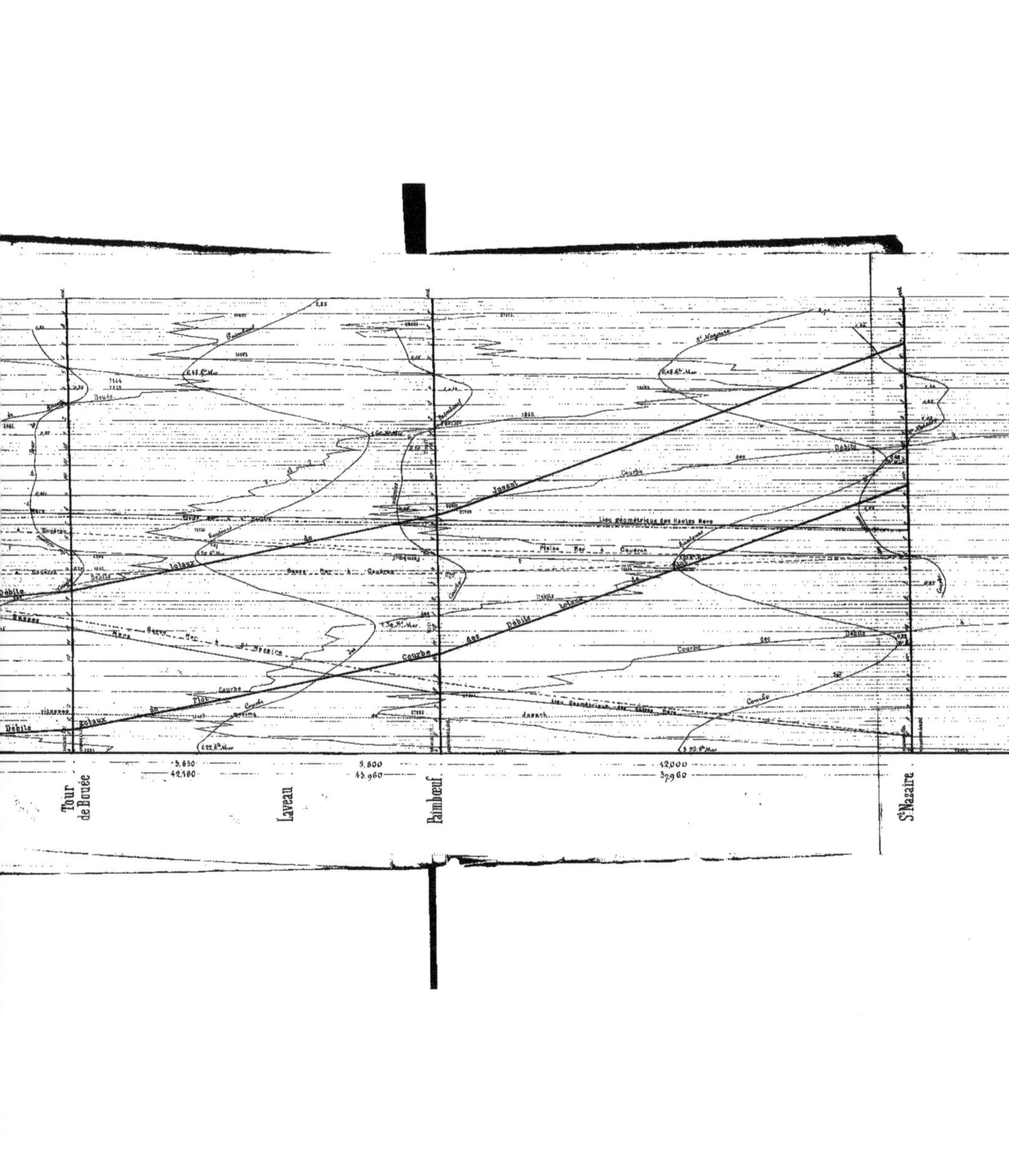

Lieu géométrique des Hautes Mers
Pleine Mer à Couëron
Basse Mer à Couëron
Courbe des Débits totaux
Courbe
Débits
5,650
42,180
3,800
45,960
12,000
37,960
Tour de Bouée
Laveau
Paimbœuf
St Nazaire

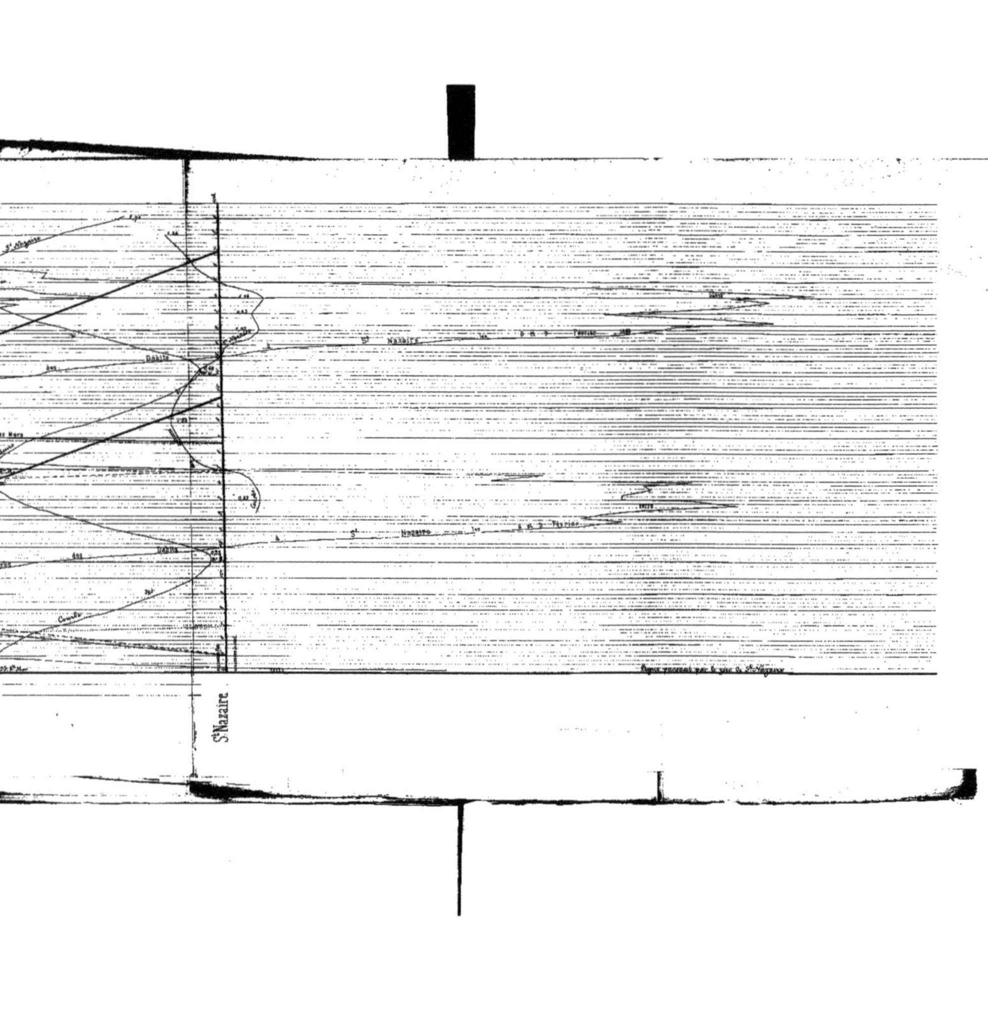

PONTS & CHAUSSÉES.

Département de la Loire-Inférieure.

Service spécial de la Loire.

Partie Maritime du Fleuve.

Courbes des hauteurs, des vitesses & des débits.

Journées des 8 et 9 Février 1860.

Crue de 4,74 à Mauves, ~~soit~~ 434 au dessus du zéro de l'Echelle.

Dressé par l'Ingénieur ordinaire soussigné

Nantes, 25 Février 1860

Lechalas

Echelles

- Longueurs : 0,02 pour 1 Kilom :
- Ordonnées des courbes des hauteurs : 0^{m}02 pour 1^{m}00
- Ligne des temps : 0^{m}008 pour 1 heure
- Ordonnées des Coubes des vitesses : 0^{m}02 pour 1^{m}00
- d^{o} ... d^{o} ... des débits : 0^{m}01 pour 1000^{m}
- d^{o} ... d^{o} ... d^{o} ... totaux : 0,0005 pour 1 million de M^{res} C^{bes}

509 68 Lit. Chenevreau, Quai Jean-Bart, 3, Nantes.

www.ingramcontent.com/pod-product-compliance
Ingram Content Group UK Ltd.
Pitfield, Milton Keynes, MK11 3LW, UK
UKHW012033240726
13965UKWH00002B/771